Las palabras rotas

Luis García Montero
Las palabras rotas
El desconsuelo de la democracia

Papel certificado por el Forest Stewardship Council®

Primera edición: mayo de 2019
Cuarta reimpresión: octubre de 2024

© 2019, Luis García Montero
© 2019, Penguin Random House Grupo Editorial, S. A. U.
Travessera de Gràcia, 47-49. 08021 Barcelona

© Diseño: Penguin Random House Grupo Editorial, inspirado en un diseño original de Enric Satué

Penguin Random House Grupo Editorial apoya la protección de la propiedad intelectual. La propiedad intelectual estimula la creatividad, defiende la diversidad en el ámbito de las ideas y el conocimiento, promueve la libre expresión y favorece una cultura viva. Gracias por comprar una edición autorizada de este libro y por respetar las leyes de propiedad intelectual al no reproducir ni distribuir ninguna parte de esta obra por ningún medio sin permiso. Al hacerlo está respaldando a los autores y permitiendo que PRHGE continúe publicando libros para todos los lectores. De conformidad con lo dispuesto en el artículo 67.3 del Real Decreto Ley 24/2021, de 2 de noviembre, PRHGE se reserva expresamente los derechos de reproducción y de uso de esta obra y de todos sus elementos mediante medios de lectura mecánica y otros medios adecuados a tal fin. Diríjase a CEDRO (Centro Español de Derechos Reprográficos, http://www.cedro.org) si necesita reproducir algún fragmento de esta obra.

Printed in Spain – Impreso en España

ISBN: 978-84-204-3195-6
Depósito legal: B-5425-2019

Compuesto en Arca Edinet, S. L.
Impreso en Liber Digital, S. L., Casarrubuelos (Madrid)

AL3195A

Índice

I. Cómo retrasar el estallido de la bomba — 9

II. Palabras en el cubo de la basura — 29
   Verdad — 34
      El dogmatismo es la prisa de las ideas — 37
   Soledad — 39
      El caballero del otoño — 43
   Identidad — 45
      Tal vez nos vamos de nosotros mismos, pero queda casi siempre una puerta mal cerrada... — 49
   Realidad — 51
      Mujeres — 56
   Bondad — 58
      Madre — 62
   Progreso — 65
      El insomnio de Jovellanos — 70
   Tiempo — 73
      Huerta de San Vicente — 76
   Política — 78
      Defensa de la política — 81
   Conciencia — 83
      La inmortalidad — 86

Lectura	88
El lector	91
Amor	93
Resumen	96

III. EXPLICO ALGUNAS DE MIS COSAS — 97

Autobiografía ética y estética	99
La literatura como forma de resistencia	120
Las luciérnagas: un orden disidente	156

IV. DIÁLOGOS CON JUAN DE MAIRENA — 199

Epílogo. Unas pocas palabras verdaderas   223

I. Cómo retrasar el estallido de la bomba

Me he levantado con ganas de trabajar. Éste es el plan: desayuno, me ducho y me pongo a escribir una historia de amor. Así que enciendo el televisor de la cocina, preparo café, me hago una tostada, busco el azucarero para endulzar el día, pero las noticias llegan de forma disciplinada con un horror amargo.

El perro de un vecino descuidado devoró en el norte a un niño que jugaba en la calle con sus amigos. Los padres están desconsolados. Se escapó en el sur una bala en un tiroteo de la policía con unos atracadores y ha muerto una anciana que pasaba por allí. Una amiga llora su muerte; recuerda que habían quedado esa mañana para hacer la compra en el mercado del barrio. Un canalla ha violado en el este la orden de alejamiento de su expareja, la ha metido a la fuerza en un coche y la ha degollado con intención de enterrarla en el bosque. Fue sorprendido por la Guardia Civil con el cadáver en el maletero. Las fuerzas de seguridad buscaban droga, pero encontraron violencia machista. En el oeste, un hombre ha muerto de una puñalada en el corazón, primera víctima de una pelea entre miembros de familias enemigas. Una anciana jura venganza eterna ante los periodistas.

Tres cuartas partes de las noticias domésticas cuentan sucesos macabros. Después se pasa a la información internacional para que veamos imágenes de la barbarie consentida en Siria o de la matanza escolar en Florida; y, ya para finalizar, un poco de deportes con peleas callejeras y la información del tiempo, con ocho provincias en alerta roja debido al frío y al huracán. Se me han quitado las ganas de escribir una historia de amor. Como estoy acostumbrado al consumo, necesito consumir: empiezo el día consumiendo miedo en la sociedad industrial del miedo. He tenido un desayuno con cadáveres.

Es posible que haya otras cosas en el mundo, pero el protagonismo lo tiene ahora la muerte. El miedo fundamental es el que despierta la muerte; nos acompaña a lo largo de la vida, conforma nuestra sabiduría. Y esto no deja de ser una broma, porque ya nos avisó Epicuro de que la muerte es la nada, el vacío, para cada uno de nosotros. Nadie sabe lo que es morirse en primera persona, nadie tiene experiencia de la muerte. Quizá por eso es tan aleccionador ver la muerte de los demás en televisión, apurar sus detalles, vivir sus uñas. Las antiguas religiones inventaban moradas para los muertos. La industria del miedo diseña moradas de muerte para los vivos.

El miedo es uno de los ejes de la vida contemporánea, compañero fiel del instinto de competencia en la sociedad del desamparo. La política, la economía, las audiencias y cualquier relación humana se tejen hoy con las hebras del miedo. La estrategia de siempre cuenta ahora con el poder multiplicador de la tecnología para fijar los terrenos de juego. Porque el miedo es una cuestión de espacios y de límites: ¿dónde empieza el peligro?, ¿dónde está el refugio? Y también de personas: ¿quién llega de fuera?

Los enemigos se agolpan en unos límites fronterizos que conviene mantener cerrados. Pero dentro se levantan otras fronteras. Hemos llenado de podredumbre el espacio público durante años. Difícil pensar con ilusión en el futuro ante un vertedero de corrupciones, mentiras y muchos disfraces modernos de la ley del más fuerte. Parecía necesario buscar el nuevo compromiso en lo privado, cambiar una revolución social por el cariño de una mascota, la política por las aficiones y las causas particulares. El problema es que el de la basura es un viaje de ida y vuelta. Así lo está demostrando la industria del miedo. Desayunamos con cadáveres que infectan también el refugio de lo privado. Los sistemas de alarma establecen fronteras en el interior de las comunidades. Los ciudadanos son extranjeros.

¿Nos queda la intimidad? Pues tampoco, porque el asesino, el bárbaro, puede dormir en nuestra cama. La frontera que pasó de los continentes a las naciones pasa de lo público a lo privado y, finalmente, a la alcoba, a la piel íntima. Miedo para la higiene íntima. Cada vez más solos, como debe ser, para que el individualismo complete la cultura neoliberal del miedo y la competencia.

Nuestro mundo vive en los extremos: o crea burbujas hedonistas de felicidad al margen de la realidad, o convierte la realidad en un desierto de comunidades imposibles gracias al miedo. ¿Quién puede escribir así una historia de amor? Manda la libertad negativa, la libertad de no hacer, de no intervenir, de no regular, de no pensar en la convivencia, de no querer, de autodefenderse. Parece imposible una afirmación positiva, la libertad de construir un mundo mejor, compartido y más justo.

Voy a regresar al dormitorio, miraré a mi mujer en la tranquilidad desnuda de su sueño, entraré en el cuarto de baño, me miraré a los ojos en el espejo y repetiré un verso de Antonio Machado: «Soy, en el buen sentido de la palabra, bueno». Si queremos hacer algo con el mundo, debemos conseguir que mucha gente se repita: «Soy, en el buen sentido de la palabra, bueno».

Necesitaba escribir sobre el crimen. Tenía la necesidad de decir, de decirme, que la muerte es una presencia inevitable en la vida, pero que en la vida hay muchas otras cosas además de la muerte. Cosas que no sólo merecen la pena, sino también la alegría.

Empecé con la muerte en el televisor y acabé citando un famoso verso de Antonio Machado. Dedicado desde hace más de cuarenta años y por vocación a la poesía, resulta lógico que acabe con una cita en la boca. Las buenas citas no son una pedantería; es mejor tomárselas como una invitación al encuentro, una forma de quedar con alguien. Ya sabemos que algunos encuentros son arriesgados. Pero uno va con voluntad de busca o de rebusca.

En la cita de Machado buscaba algo más que la poesía, tal vez un anillo perdido. Necesitaba un encuentro con la palabra *bondad*. O, para ser más exactos, buscaba en la poesía la palabra *bondad*. La poesía es buen sitio para buscar palabras de la calle, palabras que hace tiempo viven entre mendigos, palabras que hemos echado al cubo de la basura. Avisados contra la ingenuidad, la simpleza, la cursilería del hipócrita y el dolor del engaño, hemos acabado por olvidarnos de que la palabra *bondad* tiene un buen uso, aquel que puede citarnos con el sentido más humano de la vida.

En este mundo que ha dejado de ser una ruina para convertirse en un vertedero, es necesario mirar entre los desperdicios en busca de algunas palabras que propicien nuestro propio reciclaje. Que las maltraten y las desgasten las rutinas del poder no justifica que nos permitamos el lujo torpe de prescindir de ellas. Poco a poco, no como quien espera un milagro o una revolución sino como quien se pregunta de un modo más modesto qué hacer, es conveniente empezar por las palabras.

En ocasiones me avergüenza usar la palabra *solidaridad*. Todas las mezquindades del fariseísmo han caído sobre ella. Sin embargo, frente a la prepotencia del consumo y la lógica de que el cliente siempre tiene razón, debemos recordar que somos vulnerables, que necesitamos de los otros y que los otros necesitan de nosotros, que la razón primera de una comunidad son las debilidades que no pueden resolverse en soledad. Comprender que nos reúne la debilidad es una buena forma de estar precavidos en común ante la soberbia y la tiranía.

Sólo así se puede progresar. ¡Cuidado con la palabra *progreso*! El ciclo abierto por la Gran Guerra y culminado por los campos de concentración y las bombas atómicas nos ha alertado contra el optimismo productivo del progreso, una impunidad capitalista capaz de poner en peligro acelerado la vida. Pero ¿hay que renunciar a la idea de que es posible un mundo más justo y más feliz? ¿No hay alternativas? ¿Estamos acabados?

Para respetar de nuevo la palabra *progreso* necesitamos cambiar las cosas. Me detengo ahora en la palabra *cambio*. Ya nos enseñó *El Gatopardo* de Giuseppe Tomasi di Lampedusa que a veces hace falta que algo cambie para que todo siga igual. Nos han invitado a tantos cambios para perpetuar los poderes vigentes que en ocasiones se nos olvida que también se han dado cambios efectivos (para bien y para mal), que la historia se hace o se deshace poco a poco, que es una trampa desentendernos de lo que está en nuestra mano y a nuestros pies de caminantes en nombre de la perfección futura y de los paraísos que anuncian los profetas. Son duros porque no saben respetar la cercanía.

Pero ¿qué cambiamos? Ya que he empezado con una cita, ya que estamos juntos, podemos ponernos de acuerdo en algunas verdades. ¿Podemos atrevernos a hablar de la *verdad,* esa mentira que llena todos los argumentos de nuestras renuncias? Sí, es posible arriesgarse a hablar de verdad sobre la verdad, porque somos vulnerables y no estamos en posesión de ella. Necesitamos cuidarnos, ponernos de acuerdo en aquello que nos ayudará a vivir y a progresar. Hay cosas que merecen la pena y la alegría, cosas que podemos sentir como verdades, aunque el poder haya forzado a lo largo de los siglos la palabra de Dios para legitimar sus privilegios.

Si conseguimos darle una oportunidad humana a la palabra *verdad,* tal vez podamos usar de nuevo sin vergüenza la palabra *política,* la palabra más sucia y más necesaria. La legitimidad de la política es anterior a su propia vigencia, tiene que ver con una lealtad previa, con el derecho de cada uno a ser bueno y solidario, con el derecho de la sociedad a cambiar las cosas y progresar en común.

Sospechemos de la sospecha. El orden de lo injusto desgasta y nos hace desconfiar de aquellas palabras que ayudan a ponerlo en duda. Es bueno y justo mirar con nueva atención en nuestro cubo de basura en busca de la poesía y de las palabras de la calle.

Llevo días dándole vueltas a una imagen. Con frecuencia me ocurre. La memoria es un telar en el que trabajan de manera inevitable las manos del tiempo, la conciencia, la sentimentalidad, la incertidumbre, la imaginación..., y todo a la vez, hasta convertir el recuerdo en una posibilidad de meditación y las ideas en una experiencia ética de la sensibilidad. Hay días en los que no escribo ni leo poesía, pero me paso las horas intentando reconstruir en la memoria un poema de Gustavo Adolfo Bécquer, o de Rosalía de Castro, o de Antonio Machado, o de Rafael Alberti, o de Ángel González, o de Jaime Gil de Biedma, o de Wislawa Szymborska. Poemas leídos hace tiempo, medio borrados, medio sabidos, pero hechos parte de mí en cuerpo y alma.

En medio de tanto debate sobre el éxito de las manifestaciones del 8 de marzo, el patriarcado, la violencia machista, las sentencias judiciales y el futuro de la sociedad, me viene a la memoria un cuadro, *El juramento de los Horacios,* que Jacques-Louis David pintó en 1784, a las puertas de la Revolución francesa. Esa imagen, que me asalta ahora, vive en mí desde los primeros años ochenta, cuando, siendo un joven profesor de literatura, preparaba mis clases sobre la Ilustración y leía con entusiasmo un libro del historiador suizo Jean Starobinski titulado *1789, los emblemas de la razón.*

En esa pintura se ofrece una escena de juramento, propia de un tiempo en el que se querían fundar valores sólidos, deseos sociales de permanencia, algo cada vez más difícil en esta época acelerada de palabras de consumo y días de usar y tirar. Todos somos una mercancía, y siento que el pecado original responsable de esta situación está también en la escena pintada por David. Los hijos con el brazo levantado juran su deber frente a las espadas que sostiene el padre en una mano. No se miran a los ojos, miran hacia las espadas, en las que se reúnen el deber, el poder y el prestigio. A la derecha de la escena, las mujeres se dedican a sentir y lloran, temiendo las desgracias que se avecinan.

El lugar de la razón incubó su propio fracaso cuando aceptó ser separada del sentimiento. En una época en la que las pasiones dejaban de ser pecados del cuerpo contra el alma, fue necesario crear una nueva geografía. *El juramento de los Horacios* fija la dinámica patriarcal: la condición masculina se define en la razón porque está destinada a lo público, y la condición femenina se funda en las emociones porque se destina al ámbito de lo privado. Pero junto a la razón patriarcal se pone en marcha una manera de entender el prestigio con poder (la razón, las armas, la ciencia, la técnica, la ley) y el prestigio sin poder (el ángel del hogar, lo poético, la bondad, las humanidades, la sensibilidad).

El gran acontecimiento que supuso la Ilustración —el deseo de acabar con las supersticiones y la obediencia a los dioses— cobró una deriva mercantilista, incapaz de ser detenida por sus propias barreras de vigilancia democrática, cuando el poder con prestigio pudo desentenderse de todos los sentimientos igualitarios y fraternales, empeñado sólo en producir, ser eficaz y barajar de la manera más rentable los valores de uso y los valores de cambio, sin responsabilizarse de ninguna de sus consecuencias éticas. Una tragedia, porque las aspiraciones de la Revolución (libertad, igualdad y fraternidad) no son una simple acumulación de deseos, sino un tejido de hilos que no pueden separarse. Sin igualdad no hay otra libertad que la ley del más fuerte, y sin libertad la fraternidad se reduce a un vínculo privado de poca dimensión social. El deseo político de articular la independencia cívica y la comunidad sucumbe a otro tipo de revolución: un capitalismo basado en la impunidad, la desigualdad y la avaricia.

Según sopla el viento en el mundo, necesitamos darles una segunda oportunidad a la Ilustración y a las instituciones. Esa oportunidad exige que sus juramentos no separen el lugar de la razón de la esquina de las emociones. El deber no es una técnica sin ética, ni los sentimientos un impulso sin leyes ni barreras institucionales.

También he recordado estos días un grito que oí en una manifestación del 8 de marzo: «Lo baboso es acoso». Una respuesta babosa y falta de respeto me parece esa moda masculina de decir que el mundo debe feminizarse. Ponerse en el lugar del otro no significa dejar al otro sin lugar. Lo acabarán pagando una vez más las mujeres. Debemos preocuparnos por las propuestas babosas de fundar quimeras en el prestigio sin poder, es decir, en la desigualdad y la separación entre las razones y las emociones.

La tarea es construir una realidad ilustrada e igualitaria en la que razón y corazón pertenezcan a la vez a los hombres y a las mujeres: una sociedad donde las razones de Estado no se separen de la vida de la gente. La política necesita reorganizar sus vínculos con las alcobas, los salones de estar y las plazas públicas.

Para una persona lectora como yo me considero, los libros acaban siendo una declaración de principios. Hay costumbres que nos definen, como el ser cazador, jugar a las máquinas tragaperras o pasarnos las horas en las redes sociales. La declaración de principios de los libros tiene que ver con nuestra discusión sobre los finales y las finalidades. Necesitamos meditar sobre el tiempo de la comunidad, de la información, del conocimiento, de la política. Necesitamos los libros como un modesto espacio de emancipación contra las multiplicaciones de la avaricia y la aceleración.

Federico García Lorca escribió en 1929 el poema «Nueva York. Oficina y denuncia». Lo abren estos versos: «Debajo de las multiplicaciones / hay una gota de sangre de pato; / debajo de las divisiones / hay una gota de sangre de marinero». La ciudad acelerada del capitalismo multiplicaba la avaricia al mismo tiempo que la aceleración de las operaciones de bolsa, hasta convertir la realidad en un elemento líquido, «un río de sangre tierna», «un río que viene cantando / por los dormitorios de los arrabales, / y es plata, cemento o brisa / en el alba mentida de Nueva York».

Acudía el poeta al río y luego a la metáfora del viento, tan utilizada por la lírica romántica para denunciar el tiempo de lo efímero, la cancelación de la corporeidad como peligro del mundo moderno. La sociedad líquida ha dado mucho de sí durante estos últimos años en los análisis de Zygmunt Bauman. La multiplicación y las preguntas sobre el cuerpo han centrado el último libro que he leído de Santiago Alba Rico, *Ser o no ser (un cuerpo)* (Seix Barral, 2017), una reflexión sobre las mutaciones antropológicas en la era de internet. Quizá pudiera pensarse que García Lorca, tan incomprendido en ocasiones, era un visionario y que la poesía, la literatura, el relato humano de lo que nos pasa, estaban ya ahí. Pero me siento más inclinado a pensar con cierta melancolía: lo que ocurre en realidad es que esta aceleración que vivimos nos devuelve una y otra vez a las preguntas originales de la modernidad. ¿De qué modo hacer compatible una conciencia individual libre y un contrato social, la vida en comunidad, la vida en red?

La melancolía es peligrosa cuando afirma que cualquier tiempo pasado fue mejor. Renuncia a la promesa estafadora de un paraíso futuro para crear el recuerdo falso de un edén perdido. Existe el peligro de ser fieles a nuestros errores por pura nostalgia. Pero la melancolía puede ser también un estado de ánimo para meditar con voluntad de freno sobre un mundo acelerado que produce inercias autodestructivas. El tiempo del consumo nos convierte a todos en objetos desechables; somos seres humanos que se programan en la obsolescencia, igual que las máquinas, por utilizar la sabia exageración de Günther Anders. La realidad es el vertedero de este usar y tirar.

Pensar en las preguntas originales supone aceptar los cambios históricos, pero sin olvidar que existe una condición humana, una voluntad de conciencias y cuerpos que buscan respuestas. Supone también negarse a que el espíritu científico borre esta condición humana, aunque se disfrace a sí mismo de ciencia social. Y supone, además, alejarse de la pasión futurista que asume las supersticiones tecnológicas como parte inevitable del vertedero y la contaminación productiva.

Debiera hacernos reflexionar en este sentido la paradoja de que las redes sociales, ese himno ya costumbrista de juventud tecnológica, son hoy el mayor asilo, la más grande residencia de ancianos. Algunos partidos políticos, importantes en el pasado y ahora inexistentes en la realidad, se engañan a sí mismos creyendo que sobreviven gracias a los mensajes por wasap o a los tuits que se mandan entre los militantes como fantasmas desamparados. Lanzan sus convocatorias y homenajean a sus muertos como restos arqueológicos bajo la arena del desierto.

Internet ofrece muchas posibilidades de comunicación, pero no creo que estemos ya en condiciones de sostener el optimismo con el que Howard Rheingold celebró en 1993 *La comunidad virtual* como una posible sociedad sin fronteras. Las multiplicaciones son inseparables de las divisiones. Hizo bien César Rendueles al advertirnos en su ensayo sobre la *Sociofobia* (Capitán Swing, 2013) de que buena parte de la lógica comunitaria de internet ha servido para depreciar el valor de palabras como *vínculos, amistad* y *compromiso*. Se ha depreciado incluso la propia experiencia de la vida, convirtiéndonos en gente que ha hecho de la distancia, de la disolución de la experiencia corporal o del suelo histórico, su única naturaleza.

¿Quién es el extraño que escribe o recibe informaciones a través de internet y que a veces lanza comentarios con nombres inventados? Ser extraño es un paso para el conocimiento o para la inexistencia. Fueron las poetas románticas quienes se dieron cuenta de que nos estábamos quedando sin biografía social. «Ya viene, mírala. ¿Quién?», «¡qué mujer tan rara!», desprecios que tenía que soportar Carolina Coronado, «La poetisa en un pueblo», antes de huir con su vida hacia la soledad, es decir, hacia sus palabras. No es la soledad un buen destino para quien vive en las palabras por voluntad de conversación. «¡Vaya con Dios la gran loca!», decían en el pueblo. Nuestro mundo natural, ya sean unos árboles o unos ordenadores, es testigo de esa locura, que también asumió Rosalía de Castro: «Dicen que no hablan las plantas, ni las fuentes, ni los pájaros, / ni el onda con sus rumores, ni con su brillo los astros: / lo dicen, pero no es cierto, pues siempre cuando yo paso / de mí murmuran y exclaman: —Ahí va la loca, soñando».

Esas locas de Carolina Coronado y Rosalía de Castro eran conscientes de que su lenguaje podía verse condenado a encerrarse en sí mismo, a convertirse en un monólogo frente a la incomprensión de una sociedad distanciada, o —más grave aún— una sociedad transformada en distancia, en geografía de lo ausente, en una experiencia de la no realidad. Para vivir como poetas se vieron obligadas a deshacerse como ciudadanas participantes en una verdadera comunidad. Se trataba de una última o penúltima oportunidad.

La literatura, los libros, las palabras compartidas suponen un esfuerzo por conservar una biografía, por mantener el sueño y la memoria, el relato humano en los tiempos veloces de la mercantilización, del consumo efímero.

Internet abrió una zona de libertad para la prensa. Cuando los costes económicos de las formas de comunicación tradicionales hicieron imposible mantener la prensa a salvo del dinero de los bancos y las grandes multinacionales, internet permitió nuevos lugares de información independiente. Pero la realidad de internet no supone un seguro de independencia, ni siquiera de conciencia informativa de la realidad. El dinero ha entrado como un río en los nuevos periódicos digitales gracias a los acuerdos opacos, ya lo sabemos; y sabemos también que no es el único peligro en un mundo acelerado, líquido, en el que miles de noticias fluyen todos los días por las redes a través de mensajes, blogs, artículos y titulares que se multiplican hasta llegar a la *infoxicación*. Obligados a seleccionar como lectores, lo más fácil es caer en el monólogo, en las obsesiones del loco, en el impulso de buscar sólo aquello que nos da la razón, que consolida los prejuicios de nuestras simpatías y nuestros odios.

Este proceso conduce también a la desconexión de la realidad, a la deriva de nuestra propia experiencia como abstracción que vive de manera virtual y convencida de sí misma como único referente. La gente sin biografía es gente sin autovigilancia. Hizo bien Rosalía de Castro en recordarnos, en recordarse, el sentido de su monólogo. Nosotros y la naturaleza: «Astros y fuentes y flores, no murmuréis de mis sueños; / sin ellos, ¿cómo admiraros, ni cómo vivir sin ellos?».

La realidad necesita de los deseos humanos y los deseos humanos, si no quieren perderse en el vértigo enloquecido del consumo, necesitan una conciencia de la realidad, una pretensión de forma o marco de convivencia.

Ésa es la tarea de los libros, de las novelas, los poemas, los ensayos, los dramas. Ése es el sentido de la cita con los libros, una diversión para los lectores, pero también un espacio de conciencia, un tiempo de espera, que es siempre un tiempo propio, pero que a la vez pertenece a un deseo de apertura, de conocimiento de lo otro y con lo otro, un ejercicio personal que afirma la mirada, pero quiere ser también independiente de los prejuicios individuales que nos separan de la experiencia de la realidad. No se trata de una melancolía para consolarnos del frío tecnológico, igual que las gentes de ciudad llenan de mascotas sus casas como homenaje al mundo rural del que se han separado. Es más bien una apuesta por un saber democrático en el que formen parte a un tiempo la tecnología y las humanidades, los instrumentos y la conciencia.

Toda la modernidad del mundo acelerado nos devuelve en internet a la pregunta original de una sociedad democrática: ¿cómo mantener a la vez mi libertad individual y mi pertenencia solidaria a una comunidad?

Un lagarto me invita a escribir acerca del tiempo. Toma el sol sobre la tapia del jardín, descansando su verde noble y su cabeza entre las ramas de la buganvilla. Parece que no le presta atención al abejorro que merodea sobre las flores cercanas. La casa de verano me permite regresar a mi hermandad infantil con los insectos y las cosas pequeñas, a la curiosidad por las orugas, las hormigas, las lagartijas, las avispas, mundos abreviados dentro del universo, acontecimientos tan disciplinados en su libertad como el sol y la luna, como la lluvia y las hojas secas del otoño.

Escribo *mi* hermandad infantil, no *la* hermandad infantil, porque no sé si los niños de hoy tienen en las ciudades el mismo trato callejero que tuve yo con las lagartijas y las orugas. Sé que no tienen el mismo trato con los dibujos animados. Mi padre compró el primer televisor a mediados de los años sesenta. Una tarde en la que el río Genil se desbordó, rompiendo el puente de Las Brujas y los tendidos eléctricos, mi madre consiguió que me sentase delante de la pantalla para ver una película de Guillermo Tell. Cambié el espectáculo embravecido del agua por la manzana y la flecha, pero al día siguiente tuve una buena conversación con mis amigos. Casi todos habían visto la misma película.

La televisión era entonces un animal casero, de carácter tranquilo y costumbres asentadas. Su prestigio de novedad tecnológica se llevaba bien con el tiempo de las estaciones, que pasaban sobre los descampados y las alamedas del río con un andar minucioso. Los niños debíamos esperar a que se cumpliese el horario de la primavera o del programa infantil para verlo a la vez y discutirlo después. El concepto de la espera formaba entonces parte de la vida, nos adiestraba en un mundo que no dependía de nuestra voluntad, sino de una dinámica colectiva, natural, exterior, que se relacionaba humildemente con la llegada del sábado por la mañana, el mes de junio o el horario de una serie de televisión.

Mis hijos, ya mayores, no se educaron en la película o el programa compartido, porque la tecnología puso a su disposición una multitud de cadenas sobre las que hacer zapping. Tiene poco sentido una conversación con ellos sobre el programa de Nochevieja de Televisión Española o sobre el concierto vienés de Año Nuevo. Vaya uno a saber en qué compañía celebraron la noche y ante qué imágenes pasaron la resaca.

Pero no es sólo la variedad, es también el tiempo. Los hijos de mis amigos más jóvenes no esperan a la mañana del sábado para ver sus dibujos animados favoritos. Me quitan el móvil, lo manejan con una facilidad asombrosa para sus tres años, buscan el programa que desean y lo consiguen en el instante, ese que ellos quieren, en el momento que quieren, sin conocer el tiempo de la espera porque no tiene cabida en su demanda solitaria y todopoderosa.

Podemos decir que la tecnología ofrece herramientas que son buenas o malas según se utilicen. Está bien, pero la verdad es que las herramientas siempre han creado conciencia, y la ideología del mundo neoliberal, la que define a las personas como consumidores, lleva el mandato intrínseco y la misión cumplida de haber convertido el tiempo en una mercancía de usar y tirar, un mundo sin espera. El orgullo de la libertad nos aleja del relato común, de las historias compartidas. El tiempo siempre ha sido el patrimonio de los dioses a la hora de fijar las herencias y los destinos. El dios que nos gobierna hoy nos trata como desechos y los sitúa en una fábrica de desperdicios.

Miro al lagarto sobre la tapia del jardín. Casi sin moverse, atrapa a la mosca que estaba esperando y sigue en su vigilante quietud. Me desconcentro, pienso que dentro de un rato voy a enviar un wasap a mis amigos para reunirlos esta noche. Pero el lagarto hace que me sienta poeta, que no trate con prisa a las palabras, que las tienda al sol. Releo tres veces lo que he escrito y luego decido ir caminando al bar de siempre, a la barra donde despacha cervezas un camarero a quien conozco desde hace más de veinticinco años. Quiero dejar un recado. Que ha dicho Luis que vayáis a su casa a cenar.

A ver quién viene, no sé quién tendrá tiempo a lo largo del día para ir al bar de siempre, hablar con el camarero de siempre y recibir un recado. Pienso que esto es la poesía, un diálogo con el tiempo, con las cosas de siempre en el mundo de hoy. Y, para ser sinceros, un diálogo también con el nunca. El camarero de siempre murió el invierno pasado. No quiero que su risa se olvide. Su presencia me hace falta para dejar recados y sentarme a esperar.

II. Palabras en el cubo de la basura

Leo una vez más *A favor o en contra de la bomba atómica* (Círculo de Tiza, 2018), de Elsa Morante. Como es lógico, vuelvo a detenerme en el párrafo en el que encarna la recuperación de la realidad en la figura del poeta. Es un poeta que resiste y ejerce su apuesta por el pensamiento y la belleza en medio de la peste delirante. Escribe versos subido a una columna, negándose al lavado de cerebro que ejemplifica una sociedad capaz de producir la bomba atómica.

Efectivamente (a pesar de los retóricos, de los cortesanos y de los apóstoles de la desintegración), es un hecho que tanto para la higiene como para la economía, y en esencia para la vida del universo, será siempre mejor un sujeto real (aunque sea un único sujeto superviviente) que piense en lo alto de una columna, que un excedente objeto domesticado, televisado y con el cerebro lavado por la bomba atómica. Es más, según una lógica intuitiva de los acontecimientos, mientras él aguante escribiendo poemas encima de la columna, la bomba atómica tardará en estallar.

Elsa Morante escribía estas palabras en 1965, en medio de la Guerra Fría y de un proceso social en el que el estallido nuclear significaba una desintegración ética de la sociedad. Para ella, el arte era lo contrario a la *desintegración*. El mundo virtual que poco a poco había ido sustituyendo a la experiencia de la realidad histórica formaba parte de la desintegración. De manera inevitable, en este tiempo de degradaciones democráticas, me pregunto por las palabras que deben preocuparme como poeta para retrasar el estallido de la bomba y convertir la poesía en un espacio de resistencia. Me hago una lista que, claro está, tiene que ver con mis obsesiones de los últimos años. O con mis necesidades, una lista de la compra para bajar a la calle pensando en el frigorífico y la despensa:

Verdad
Soledad
Identidad
Realidad
Bondad
Progreso
Tiempo
Política
Conciencia
Lectura
Amor

Me siento cómodo al no caer en el mundo perfecto del decálogo, porque tengo la sensación de que siempre es útil dejar la puerta abierta para que el viento entre y salga en la habitación de mis obsesiones. Busco en mis libros once poemas que estén relacionados con la manera en la que he vivido estas palabras. Esta irregularidad se ajusta mejor a mi propósito de un optimismo rehecho, más empeñado en no mentir que en creerse en posesión de la verdad:

El dogmatismo es la prisa de las ideas
El caballero del otoño
Tal vez nos vamos de nosotros mismos, pero queda casi siempre una puerta mal cerrada...
Mujeres
Madre
El insomnio de Jovellanos
Huerta de San Vicente
Defensa de la política

La inmortalidad
El lector
Resumen

Una biografía ética y estética, un deseo de buscar en el cubo de la basura los valores que merece la pena rescatar en este mundo de desechos. Son palabras cruzadas. Frente al cinismo sigiloso de los que afirman que ya está todo perdido, que nada afecta a nuestra responsabilidad, y el hedonismo de los que sienten que vivimos en el mejor de los mundos posibles, merece la pena mantener la esperanza de que se puede vivir en un mundo mejor.

La poesía es inseparable de la conciencia de que el mundo siempre da más de sí. Cuando yo descubrí la poesía de Federico García Lorca en casa de mis padres, me sentí atrapado por ella al comprender que debajo de palabras como *luna, limón, jinete* y *tierra* había algo más que la luna, un limón, un jinete o la tierra. Sí, la palabra que nos hace, la naturaleza que se hace y el mundo que hacemos pueden dar siempre más de sí.

Confieso que las palabras importantes para mí no son las que ofrecen soluciones, sino las que me invitan a tomar conciencia de las dificultades. Pero confieso también que en un mundo complejo, en el que las dificultades se han especializado en la burocracia de la dificultad, o en la tecnología de la lucidez herida, cerrándose en sí mismas hasta el punto de acabar con el tiempo de la espera y con la esperanza, me resulta atractivo acudir a la poesía como un camino de depuración ética, un modo de volver a la resistencia a través de convicciones que necesitan de la sencillez a la hora de meditar sobre unas cuantas palabras decisivas.

No estamos desnudos como Adán y Eva, pero el árbol del bien y del mal necesita una mirada sin las suciedades acumuladas por la historia.

Verdad

Cualquier reflexión sobre el sentido de la poesía nos devuelve al famoso aforismo que estaba escrito en el templo de Delfos consagrado a Apolo: «Conócete a ti mismo». El ejercicio de conocimiento que supone la poesía es inseparable de un ejercicio de conciencia, un detenido interrogatorio sobre el yo, o sobre la mismidad, o sobre los procesos que nos constituyen como individuos.

Se trata de darse tiempo, de darse a uno mismo una oportunidad cuando parece que el conocimiento no puede dar más de sí. La emoción poética en la lectura y en la escritura permite vivir por un momento la armonía del mundo exterior (casi siempre hostil) y el mundo interior (casi siempre necesitado de salir de sí mismo para habitar la realidad). Nos emociona aquello que pone de acuerdo por unos instantes nuestra intimidad con las realidades que vivimos, ya sea en la alegría o en la tristeza. Las palabras adquieren así el valor de la tierra, de la lluvia recién caída, de la luz sobre la piel. Conseguimos vivirnos como verdad, ésa es la tarea del poema.

Pero si decidimos seguir por este camino, tenemos que ser muy precavidos con la palabra *verdad*. Está, y con razón, muy desacreditada porque todas las formas de poder han buscado legitimarse en la fundación de unas verdades que se han impuesto como valor natural, sentido común y dinámica de que la realidad debe ser así, es así y no puede ser de otra manera. El pensamiento contemporáneo se ha edificado como una sistemática y necesaria puesta en duda de la verdad. Marx, Freud, Nietzsche, el feminismo, el anticolonialismo han necesitado abrir el mundo con sus sospechas de lo que se esconde en la moral y en la verdad. La conformidad y la disidencia ante las verdades esenciales han dependido mucho de los lugares ocupados en la jerarquía de la sociedad. La palabra poética enseña a dudar hasta de las cosas que merecen confianza, incluso de las cosas que merecen ser tomadas por verdaderas, pero es que con mucha frecuencia se tiende a confundir los intereses del poder con la objetividad.

De manera que tenemos que ser prudentes con la palabra *verdad* y, si queremos rescatarla, debemos estar muy precavidos. Poeta precavido vale por dos, es decir, poeta desdoblado en dos para tomar distancia de sí mismo en el esfuerzo de cumplir con Delfos: «Conócete a ti mismo».

Quien quiera acercarse a la palabra *verdad* no debe sentirse nunca en posesión de la verdad, sino procurar no mentirse, no acordar mentiras. Ya no basta sólo con oponerse a los dogmas; resulta necesario cuestionar lo que respiramos como sentido común. Y para eso es importante dedicarse tiempo, un bien muy escaso y muy desacreditado en una época que naturaliza —y cada vez de forma más acelerada— que el tiempo es una mercancía desechable. Hacerse dueño del tiempo requerido para preguntar y pensarnos, aprender a esperar al margen de los dogmas y los poderosos medios de control de las conciencias, es el primer requisito para volver a confiar en la palabra *verdad*.

La verdad poética no es un dogma, ni una consigna, sino una experiencia pensada de vida. El pensamiento que no cree en verdades esenciales exige la honestidad de no asumir ninguna consigna por encima de la propia conciencia. El poeta que se toma el tiempo necesario para elegir palabras, matices, perspectivas, toma en serio su propio yo, el deseo de hacerse dueño de su tiempo, su conocimiento y sus opiniones.

Es un acto de responsabilidad. Recordemos a Larra: «El corazón del hombre necesita creer en algo, y cree mentiras cuando no encuentra verdades que creer». El desprestigio de la verdad, el fin de los relatos en el pensamiento neoliberal, no sólo alimenta el cinismo del todo vale, nada tiene importancia, nada se puede arreglar, sino también el dominio de las mentiras. El tiempo de la esperanza es proclive a las falsas promesas, pero la falta de esperanza nutre la mentira gobernante, como algo que no se puede cuestionar, y el cinismo que se desprende del ejercicio de su conciencia. Hay que mantenerse a resguardo de quien sospecha de la verdad sin ofrecer una alternativa de emancipación ante el poder. La crítica de lo que hay es muy limitada si no abre camino hacia otro horizonte. La verdad es también un compromiso ético de buscar la verdad. Una decisión: la verdad como búsqueda, la verdad como experiencia compartida con el otro, como proceso de descubrimiento y de respuesta, como voluntad de memoria de lo vivido. Ésta es la raíz de la escritura poética.

Imagino un paseo a la orilla del mar. El caminar solitario se siente hermanado con la naturaleza en el atardecer, el tiempo minucioso en el que los estados de ánimo se equilibran con el exterior. Los pasos tienen la lentitud de la conciencia que no quiere sentirse homologada.

El dogmatismo es la prisa de las ideas

Aquí junto a las dunas y los pinos,
mientras la tarde cae
en esta hora larga de belleza en el cielo
y hago mío sin prisa
el rojo libre de la luz,
pienso que soy el dueño del minuto que falta
para que el sol repose bajo el mar.

Ésa es mi razón, mi patrimonio,
después de tanta orilla
y de tanto horizonte,
ser el dueño del último minuto,
del minuto que falta para decir que sí,
para decir que no,
para llegar después al otro lado
de todo lo que afirmo y lo que niego.

Ésa es mi razón
contra las frases hechas y el mañana,
mientras la tarde cae por amor a la vida,
y nada es por supuesto ni absoluto,
y el agua que deshace los periódicos
arrastra las palabras como peces de plata,
como espuma de ola
que sube y se matiza
dentro del corazón.

Aquí junto a las dunas y los pinos,
capitán de los barcos que cruzan mi mirada,
prometo no olvidar las cosas que me importan.

Tiempo para ser dueño del minuto que falta.
Pido el tiempo que roban las consignas
porque la prisa va con pies de plomo
y no deja pensar,
oír el canto de los mirlos,
sentir la piel,
ese único dogma del abrazo,
mi única razón, mi patrimonio.

Soledad

Recuerdo que Pier Paolo Pasolini habló de la soledad que puede sentirse en una plaza llena de gente como una de las características de la sociedad capitalista avanzada. Recogía la mirada sobre las multitudes que habían sostenido antes Poe, Baudelaire y García Lorca. La multitud, definida como un conjunto de soledades, se mueve sin diálogo, como el fluido urbano del anonimato. El individuo interioriza la libertad como una energía aislante, desarticulada, proclive al egoísmo y la autodefensa, sin ninguna concesión a las dimensiones sociales del vivir, sentir y pensar. Es el hábitat del sujeto posesivo, la persona aislada que no tiene un bar de siempre, una asociación, nada que ver con nadie ni junto a alguien, nada que escuchar en el mundo que le obligue a quitarse los auriculares en los que encierra su música. Este solitario es el resultado de las consignas de privatización aplicadas al ser humano.

El uso hostil de la palabra *soledad* invita a pensar en una necesaria reivindicación. La buena soledad es tan importante como la buena compañía. El poeta ha necesitado en la cultura moderna buscar al otro, sentirse parte de una navegación, recordar la conciencia de la lectura en los procesos de la propia escritura. Al mismo tiempo, ha necesitado delimitar un ámbito para los sentimientos solitarios como geografía de su propia conciencia, de su libertad ética.

La vida retirada por la que apostó Fray Luis de León supuso una respuesta a las maquinaciones de la corte: «Un no rompido sueño, / un día puro, alegre, libre quiero; / no quiero ver el ceño / vanamente severo / de a quien la sangre ensalza o el dinero». Fray Luis prefirió la soledad a las tempestades de los ambiciosos y a los dogmas que lo encerraron en una celda. La vida descansada del retiro suponía un diálogo con la propia conciencia en las tensiones entre la corte y la aldea y bajo la verdad consoladora de Dios: «Vivir quiero conmigo, / gozar quiero del bien que debo al cielo, / a solas, sin testigo, / libre de amor, de celo, / de odio, de esperanzas, de recelo».

Los emocionantes versos de Fray Luis esconden una mentira, ya que su soledad tiene como testigo a Dios. Separado del sentimiento medieval de la servidumbre, el orgullo subjetivo de la religiosidad descansaba en un diálogo de su conciencia con un Dios capaz de verlo todo. Es un consuelo que no tiene el poeta moderno, a solas de verdad con su conciencia, imposibilitado incluso de participar de una vida retirada que renuncie a la vez al amor y al odio. Su soledad está vinculada con el amor y el odio porque es consciente de su dimensión social. La soledad no significa una vida descansada, sino un acto de independencia como equipaje necesario antes de embarcar los proyectos colectivos.

Cuando uno decide asumir una ilusión colectiva, lo primero que debe aprender es a quedarse solo.

Este extraño sentimiento de soledad, que no supone disolución en el anonimato ni renuncia a la propia conciencia bajo una consigna, quedó bien condensado en el «Soliloquio del farero» de Luis Cernuda. El ejercicio de conciencia y de memoria de un farero, que asume vivir en soledad para ser leal a sí mismo pero que ejerce esa soledad para evitar que naufrague la navegación colectiva, sostiene estos versos:

Acodado al balcón miro insaciable el oleaje,
Oigo sus oscuras imprecaciones,
Contemplo sus blancas caricias;
Y erguido desde cuna vigilante
Soy en la noche un diamante que gira advirtiendo a los
[hombres,

Por quienes vivo, aun cuando no los vea;
Y así, lejos de ellos,
Ya olvidados sus nombres, los amo en muchedumbres,
Roncas y violentas como el mar, mi morada,
Puras ante la espera de una revolución ardiente
O rendidas y dóciles, como el mar sabe serlo
Cuando toca la hora de reposo que su fuerza conquista.

Tú, verdad solitaria,
Transparente pasión, mi soledad de siempre,
Eres inmenso abrazo;
El sol, el mar,
La oscuridad, la estepa,
El hombre y su deseo,
La airada muchedumbre,
¿Qué son sino tú misma?

Por ti, mi soledad, los busqué un día;
En ti, mi soledad, los amo ahora.

Esta soledad solidaria llama la atención sobre el eje de lo íntimo, lo privado y lo público que articula la vida en sociedad. La conciencia es un territorio de frontera que se consolida como espacio ético al evitar la disolución en el Todo y en la Nada, en la consigna social y en el pozo de una subjetividad ensimismada. El poeta nace en una sociedad, en un idioma, en una tradición, herencias que no pueden vivirse como propiedad privada.

Las dinámicas propias de una dictadura, en las que viví mi infancia y mi adolescencia, marcaban un ritmo claro de obediencia en el que la soledad era un ámbito necesario para la formación de la propia identidad. De mucho me sirvieron las palabras de los poetas que me ayudaban a pensar en mí mismo al margen de la multitud obediente, una lección que seguí apurando con la llegada de la democracia y sus mecanismos complejos de homologación y manipulación de las costumbres. La escritura es una forma de compañía solitaria, un diálogo con los clásicos, un fluido en el que la voz pertenece a un relato y una historia, pero no pierde la conciencia del valor de su presente.

El caballero del otoño

Apareció una tarde
sentado en el jardín que custodiaba
las horas amarillas,
el beso de los novios y las fuentes,
a los pies del balcón.

El caballero del otoño
estaba allí. Fue antes
de que la soledad encontrara su nombre.
Pero vestía con su ropa sucia
de mirar a la calle y de pensar los barcos,
perdido en el silencio de la siesta.

Cuando bajé del mundo mío
a las altas reuniones de los jefes de escuadra,
los sacerdotes o los sabios,
y me sentí más solo,
estaba allí conmigo,
esperando en la puerta,
el caballero del otoño.

Cuando tuve un amor,
desesperado y dulce como cualquier amor,
y recorrí las calles
en los amaneceres del regreso,
desgraciado y feliz como cualquier amante,
al entrar en mis dudas o al salir del hotel,

estaba allí conmigo,
el caballero del otoño.

La soledad se aprende y se conquista,
aunque llegue a nosotros
como revelación inesperada
de una tarde que juega con la lluvia.

Siempre estuvo conmigo,
el caballero,
la gala de mi vida,
la flor del tiempo.

Identidad

El lema *conócete a ti mismo* es una invitación a la incertidumbre. Si se parte de la idea de que buscar la verdad es más un compromiso de no mentir (o no mentirse) que un creerse en posesión de la verdad, y se complica el asunto al reivindicar la palabra *bondad* sin querer dividir el mundo en buenos y malos, debe reconocerse que la conciencia individual se convierte en un campo de trabajo. El proceso de hacerse, deshacerse y vigilarse en la propia configuración de la subjetividad supone la raíz de la educación.

Vivimos, además, un tiempo en el que las nuevas tecnologías han multiplicado el tiempo y el espacio, situándonos en medio de unos procesos graves de aceleración y de creación de mundos virtuales. Las palabras *cultura* y *educación*, campo de cultivo de la persona, necesitan permanecer unidas a la hora de configurar una conciencia crítica y una imaginación moral capaces de hacernos comprender el mundo. El deslizamiento de la cultura en la sociedad del espectáculo tiende a rebajarse hasta el simple entretenimiento de los consumidores de ocio.

La velocidad del mundo, acentuada por las redes sociales, nos ha convertido en habladores compulsivos. Las palabras que circulan provienen con frecuencia de gente que dice lo que piensa sin pensar lo que dice. Con la prisa invadiendo el decir, nuestro mundo se parece mucho a la historia de *Los habladores,* el famoso entremés cervantino. Un mundo de habladores produce más leedores que lectores. Pero, además, gracias a la pantalla y al flujo de imágenes, el que dice está en mil sitios a la vez. La cuestión es que este decir sin decirse puede ser el modo virtual característico de un individuo que por estar en mil sitios a la vez ya no está en el suyo propio. Podemos derivar en sujetos vacíos, sin conocimiento y mundo sólido, un hueco sucesivamente rellenado, el fluido de un consumo en pacto perpetuo con la boca y los ojos del ser insaciable.

En el vértigo de la pantalla, de las noticias, de las consignas, de la publicidad, de la caducidad programada, sólo nos queda la soledad responsable del ser humano capaz de responsabilizarse de su propia mirada. De ahí que más que nunca el deseo de verdad sea una invitación a la incertidumbre y la autovigilancia.

El estar sin ser y el decir sin decirse nos sitúan en la meditación sobre la identidad, otro de los temas claves. Y en este asunto, como en todos los importantes, no queda otro recurso mejor que el de la incertidumbre, es decir, la aceptación de una existencia en conflicto que exige un ejercicio constante de responsabilidad y educación. Somos un problema que no nos podemos quitar de en medio y que no tiene solución. El mundo global acaba con las identidades, nos hace seres universales, nos borra el sentido de la pertenencia. Lo que parece una buena medida contra el localismo puede, sin embargo, situarnos en la abstracción, hacernos vivir en la virtualidad, sin que nos sintamos vinculados a nada o a nadie. La vecina del segundo izquierda puede morirse de hambre o de frío porque la precariedad de su pensión es asunto suyo. Que no nos cuente su vida.

Al otro extremo, las identidades fuertes nos empujan al totalitarismo con una energía que vuelve a sobrevolar el mundo en una dinámica siniestra. Un nosotros cerrado, despreciativo, miedoso, es capaz de degradar la democracia y de arrojar por la borda hasta el respeto a los derechos humanos. El ser solitario, en el mal sentido de la palabra, convertido en frontera, se siente convocado por un sentido de pertenencia que se funda contra el otro. Así que entre la falta de identidad y las identidades fuertes sólo parece reconocible un conflicto de autovigilancia y responsabilidad, de extrañeza a la hora de sentirnos a la vez en un yo y en un nosotros éticos. Uno tiene que abrir un bar conflictivo, tiene que saberse el único propietario, el único camarero, el único cliente, y sólo entonces decidirse a abrir las puertas por si quiere entrar la gente de la calle.

La educación, como un conocerse a sí mismo, prepara el terreno a la hospitalidad. La palabra poética tiene voluntad hospitalaria, porque sólo se produce el hecho poético cuando es habitada por un lector. Se escribe un poema como se prepara una habitación para recibir la visita del otro. De ahí la importancia de reconocer la diferencia existente entre el yo biográfico y el personaje literario. La posibilidad hospitalaria del arte, como nos enseñó Diderot en *La paradoja del comediante,* surge cuando el yo se convierte en figura elaborada, no en un ser biográfico concreto, sino en un modelo. El desahogo personal, ya sea amoroso o ideológico, se convierte en la preparación de una experiencia compartida. Si un lector piensa en el amor del otro en vez de sentir su propio amor, el poema es más un documento que una realidad literaria.

Hablando de educación, no está de más recordar la elaboración del personaje literario como indagación en la hospitalidad y la convivencia. La educación supone con frecuencia vencer los instintos para vivir como si se sintiesen de verdad los valores que merecen la pena ser respetados en una convivencia justa. La obra madura de un poeta, que empieza en el reconocimiento de las diferencias entre el yo y el personaje, suele encaminarse al deseo coherente, organizador de principios y finales, de que el personaje se parezca lo más posible a la persona, algo que sólo se consigue cuando la persona ha encontrado en la imaginación de un personaje un camino de mejora, un proceso de edificación personal. La educación ética intenta convertir la máscara de los valores en el rostro humano verdadero.

No hablamos de hipocresía, que quede claro, ni de mentira, sino de ficción, y de elaboración de una personalidad que se piensa antes de decirse. Por eso su decir es un decirse, no un fluido de retórica externa y hueca, esa tan actual repetición del loro que murmura lo que flota en el ambiente.

El decir de más o de menos no sólo tiene que ver con los estilos literarios elegidos, sino con el esfuerzo de precisión que convierte una máscara en rostro o un personaje en persona. Surge entonces la emoción de la verdad poética, un territorio en el que la incertidumbre busca una y otra vez formas de conocimiento.

Tal vez nos vamos de nosotros mismos, pero queda
casi siempre una puerta mal cerrada…

Cuando cierro la puerta de mi casa
suelen los escalones llenárseme de dudas.
Es posible, tal vez
la luz trabajadora del despacho
se ha quedado encendida,
no sé si corté el agua
y además me parece
que no le di dos vueltas a la llave.

Es como cuando salgo de alguna discusión
y el ascensor se cubre de verdades no dichas.
Van conmigo respuestas decisivas.
Más tarde siento miedo
de aquellos dos minutos de intemperie.
Yo levanté la voz, los demás se callaron
y se rompió la copa.

Es como cuando salgo de una fiesta
y me asalta el temor
de que alguien se haya molestado.
¿Me despedí de ella? ¿Debería
acordarme de él?
¿Entendieron la broma
y la doble intención de mis palabras?
¿Ha llegado a saberse
la pequeña mentira del viernes por la tarde?

Es como cuando salgo de mí mismo,
después de haber nadado entre dos aguas
incluso en la bañera.
Dejo la ropa sucia a los pies de la silla,
una cama deshecha,
los platos sin lavar,
toallas en el suelo, y en el cuarto de baño
un espejo con niebla
donde está todavía
el desnudo sin piel del impostor
que ahora sale a la calle,
y saluda a los otros,
y atiende a quien le llama por su nombre.

Todo es raro y difícil
como sentirse Luis, como vivir en el segundo
izquierda de la noche,
ser español o estar enamorado.

Tal vez nos vamos de nosotros mismos.
Pero queda una luz, un grifo abierto,
la sombra de una puerta mal cerrada.

Realidad

La reivindicación de la palabra *realidad* es peligrosa cuando partimos de la conciencia de que no existen verdades esenciales, nos hacemos como personas y el mundo tiene distintas perspectivas, ángulos y circunstancias que matizan la mirada y los sentimientos. Deconstruir la realidad ha sido una de las tareas más entretenidas de la crítica literaria y el pensamiento contemporáneos.

¿Por qué, entonces, defender la palabra *realidad*? En mi caso, por manía a la tecnocracia. Confieso que llegué a la literatura en un momento en el que ser moderno significaba despreciar toda la cultura española de posguerra que había asumido, con su realismo histórico, un compromiso contra el franquismo. Admirador de muchos novelistas y poetas de posguerra que se habían negado a caer en brazos del rupturismo y la experimentación esteticista, me interesé de forma natural en Galdós, Pardo Bazán, Antonio Machado, Alberti, Cernuda, Max Aub, Ayala, Blas de Otero, Jaime Gil de Biedma, Ángel González o Gloria Fuertes, es decir, escritores que desde el positivismo decimonónico, ejerciendo diversos recursos según su época y diversas conversaciones con la vanguardia, habían mantenido el compromiso con el relato histórico de la realidad.

La tecnocracia poética maduró en la crisis simbolista de finales del siglo XIX cuando la lírica, como reacción al utilitarismo mercantilista de la sociedad burguesa, se consoló en la siguiente estrategia: ya que la sociedad no se interesa por la poesía, vamos los poetas a dejar de interesarnos por la sociedad. El diálogo imposible entre el Rey Burgués y el poeta, elaborado en un cuento melancólico por Rubén Darío en *Azul...*, fija bien esta quiebra. Las consecuencias se instalaron de inmediato en la palabra. Escribir fue inventar un lenguaje gremial, propio para poetas, muy diferenciado del lenguaje y la música de la sociedad.

El poeta decidió remarcar las diferencias que hay entre el yo biográfico y el personaje literario, entre las palabras de la persona y las palabras de la literatura, y convirtió la conciencia de esa separación en el argumento principal de su quehacer. Fue una dinámica general del arte. Mientras Picasso dejaba claro en *Las señoritas de Avignon* que el cuerpo de una mujer real no se parecía en nada a un cuerpo pintado, Vicente Huidobro publicaba su manifiesto «Non serviam» para defender que la poesía no sólo no era una imitación de la realidad, sino que fundaba su propia realidad, un ámbito autónomo. El protagonismo de la metapoesía, el pensar de la poesía sobre sí misma, se fijó más en los abismos que separan la realidad de la palabra que en las estrategias de la palabra para contar la realidad. La palabra, por supuesto, siguió formando parte de la historia, de las contradicciones y los conflictos de la historia, pero los artistas hicieron todo lo posible por olvidarlo, hasta llegar por diversos caminos a la más pura abstracción conceptual.

La naturaleza es convertida en símbolo por la cultura. Algunas enfermedades pasan de la biología a la significación cultural a través de la mirada literaria. El romanticismo hizo de la tuberculosis una metáfora del sujeto escindido, el ciudadano con conciencia de fracaso que consumía con desesperación su mundo interior como respuesta a los desarreglos exteriores del contrato social. Quizá sea la anorexia la enfermedad que mejor condensa el mundo que vivimos en estas décadas.

En el fondo se trata de una manera más de plantearse el relato de la identidad, porque la condición de ciudadano implica una forma de abstracción. Ser todos iguales ante la ley entraña un viaje de la condición individual de cada cual a la abstracción de los derechos. El paso democrático es importante en nombre de la igualdad, pero peligroso si perdemos la conciencia de la realidad. ¿De verdad vivimos en un mundo de iguales? ¿No hay diferencias entre ricos y pobres, hombres y mujeres, blancos y negros...? Los logros de la abstracción se convierten en un pantano con cocodrilos si nos apartamos de la historia real, la experiencia de la identidad concreta. Es la misma lógica que nos ha hecho olvidarnos no ya de la naturaleza humana con sus realidades, sino de la naturaleza en general, con sus límites y sus posibilidades. Un mundo virtual en sustitución de la realidad.

De nuevo nos encontramos con la necesidad de responsabilizarnos del conflicto con algo más que con soluciones fáciles. ¿Cómo hacer que la ley intervenga democráticamente en la realidad, que regule el acontecer en lugar de sustituirlo por un orden virtual? Es uno de los retos principales del pensamiento progresista en las tensiones entre la libertad y el totalitarismo.

Un mapa es una lectura racionalizadora de un territorio y sirve para conocer y pensar un lugar. Pero si un avión, a gran altura, se olvida de que en ese mapa vive gente y la realidad fluye en el acontecer de las ciudades, es muy fácil que el piloto apriete el botón y suelte la bomba como si estuviese participando en un videojuego. No destruye ojos, historias, casas, manos, amores, sino un mapa. Fue la conmoción que sufrió Pedro Salinas y que contó en su poema «Cero», escrito durante los bombardeos de la Segunda Guerra Mundial. La línea oculta que va desde el cuerpo de *Las señoritas de Avignon* hasta las sonrisas de los pilotos que bombardearon Bagdad, como si se tratase de una inmensa noche de fuegos artificiales, merece una meditación en el interior del arte contemporáneo que acompañe a la meditación científica sobre el progreso.

La meditación es aquí una demanda ética. Las obsesiones por la realidad de los siglos XIX y XX han desembocado en la creación técnica de realidades virtuales que nos fabrican a nosotros mismos al cambiar el sentido de nuestra experiencia. Estamos tan mediatizados que no mantenemos una relación directa con nuestro propio cuerpo. Imponerse la dinámica anoréxica de los campos de concentración a la hora de mirarnos al espejo es sólo un extremo doloroso de un código marcado por la publicidad. El sujeto vacío, que rompe la alianza entre la ciudadanía y la realidad corporal, es un consumista tan insaciable que convierte en objeto de consumo el no consumir alimentos.

Nos alejamos de la naturaleza, nos alejamos de la materia, nos convertimos en nada, a no ser que como consuelo caigamos en la tentación de transformar el cuerpo en mercancía o en fulgor llamativo y tatuado para la sociedad del espectáculo. En mercancía desechable, prostituida la carne, o en máquina, convirtiendo la pantalla del móvil o del ordenador en extensiones de nosotros mismos.

La lógica del esperpento en Valle-Inclán suponía enfrentar a un espejo deformador la realidad de la España de la Restauración en la que el mundo oficial vivía al margen del mundo cotidiano. Deformar lo deformado podía ofrecer una visión esclarecedora de la realidad. Como analizó Eli Pariser en su libro *El filtro burbuja. Cómo la red decide lo que leemos y lo que pensamos* (Taurus, 2017), la personalización de las imágenes y las noticias que recibimos nos refuerza en ideas que ya teníamos y elimina otras referencias que podrían ampliar los límites de nuestro conocimiento. El vértigo de visiones se asienta además en una lógica de filtros que produce esquemas, que funda maneras de pensar y de mirar el mundo como un mapa hecho a la medida de nuestros intereses. ¿Intereses no manipulados? Más bien intereses creados para dominar lo que leemos y lo que pensamos. Justo Navarro, en su ensayo *El videojugador. A propósito de la máquina recreativa* (Anagrama, 2017), lo advierte: «Contra las apariencias, el jugador no controla el mundo del videojuego: es el videojuego el que controla y decide los gestos del jugador». Convertir la cultura en entretenimiento, alejándola de la educación, la imaginación moral y la conciencia crítica, tiene unos resultados últimos de servidumbre recreativa para el sujeto vacío del consumo.

Lo apunté antes: la poesía es una forma de resistencia frente a la mercantilización de la intimidad o al imperio de la tecnología en el cuerpo borrado. Busca palabras con olor a tierra y a sudor, busca la experiencia humana del amor y el respeto, observa a la gente cuando va a trabajar a primera hora de la mañana, y apuesta por esa gente en vez de por los modelos de los anuncios publicitarios que pueblan las calles de la ciudad. En la era de internet, la poesía es un buen modo de reflejar la realidad y pensar las relaciones entre la intimidad, lo privado y lo público.

Mujeres

Mañana de suburbio
y el autobús se acerca a la parada.

Hace frío en la calle, suavemente,
casi de despertar en primavera,
de ciudad que no ha entrado
todavía en calor.
Desde mi asiento veo a las mujeres,
con los ojos de sueño y la ropa sin brillo,
en busca de su horario de trabajo.

Suben y van dejando al descubierto,
en los cristales de la marquesina,
un anuncio de cuerpos escogidos
y de ropa interior.
Las muchachas nos miran a los ojos
desde el reino perfecto de su fotografía,
sin horarios, sin prisa,
obscenas como un sueño bronceado.

Yo me bajo en la próxima, murmuras.
Me conmueve el recuerdo
de tu piel blanca y triste
y la hermandad humilde de tu noche,
la mano que dejaste
olvidada en mi mano,
al venir de la ducha,

hace sólo un momento,
mientras yo me negaba a levantarme.

Que tengas un buen día,
que la suerte te busque
en tu casa pequeña y ordenada,
que la vida nos trate dignamente.

Bondad

Desde que Aristóteles —en su *Ética*— identificó al ser humano con un arquero que dispara su flecha hacia el bien, la filosofía ha abierto muchas discusiones sobre la felicidad, lo sagrado, la moral, el poder, el conocimiento, la pedagogía y la realización personal. Pero vivimos un momento en el que merece la pena, una vez aprendidas todas las dudas, recurrir de nuevo a la bondad.

Precavidos ante la educación de la propia conciencia en los conflictos de la subjetividad, no podemos caer en una división maniquea entre buenos y malos, entre otras cosas porque todos podemos ser alguna vez malos y buenos, y porque el bien y el mal son asuntos de discusión. Pero hay dos cuestiones de actualidad, de sucesiva actualidad a lo largo de las coyunturas históricas, que hay que tener en cuenta: el relativismo y la consolidación de una identidad a través del odio.

El naufragio de las grandes utopías, el daño impuesto por los que se creyeron que podían hablar desde el futuro más que conversar sobre él, la crueldad de quienes pensaron que el fin justifica los medios y borra la ética en el presente, ha desacreditado la honestidad y la verdad de las convicciones. El neoliberalismo ha jugado con esta desilusión para potenciar un relativismo en el que nada importa y todo es un engaño. El que está de vuelta de todo no tiene necesidad de ir a ningún sitio. Es una estrategia antigua del pensamiento conservador. En vez de enfrentarse a las utopías románticas, el alma de gobernador civil de don Ramón María de Campoamor prefirió divertirse ironizando sobre el valor relativo de todos los sentimientos.

Frente a este tipo de descrédito, no está de más atreverse a sostener que en una sociedad hay determinados valores éticos que es necesario consolidar. Más allá del chiste, el respeto al ser humano, la libertad, la igualdad, la educación, los cuidados, la dignidad laboral, son valores que tienen que ver con la bondad. Tienen que ver con una política de la bondad cuando se traducen en proyectos sociales como, por ejemplo, la sanidad pública, la educación igualitaria, una legislación laboral atenta a los derechos de los trabajadores y la oposición al racismo y a la homofobia.

Ridiculizar este deseo de bondad es parte fundamental del pensamiento reaccionario. Lo que es una demanda ética común a una verdadera realidad democrática se quiere convertir en «ideología» izquierdista. El feminismo es así una ideología política y no una demanda de igualdad. Si entendemos el concepto de *ideología* como una visión del mundo propia de una situación histórica y de una educación sentimental, todo es ideología. Nuestras ideas sobre el amor, la mujer, el hombre, la muerte, Dios, el Demonio, la poesía o el dinero son ideología. Pero los que califican de ideología el pensamiento feminista no están señalando el carácter histórico de nuestras opiniones, sino que fijan un estado de normalidad, de naturalidad, que viene a ser perturbada por intereses políticos perversos.

La otra jugada es convertir la bondad es un peligro y crear la categoría del *buenismo* como una falta de inteligencia llamada a generar graves problemas. Apoyar la desigualdad y perder el respeto a los seres humanos no es maldad, sino la acción prudente del individuo que no ha caído en el buenismo.

La globalización y las desigualdades económicas, junto con la violencia cultivada por la industria armamentista, han provocado grandes movimientos migratorios. Los inmigrantes que llegan a Europa y América del Norte se encuentran con países golpeados por una economía que ha empobrecido a las clases más bajas para que las élites acumulen grandes fortunas. Resulta fácil generar miedo e indignación en gente desamparada que teme perder lo poco que tiene. Los derechos humanos empiezan a ser en Europa privilegio de clases acomodadas que pueden permitirse el lujo de mantener su conciencia. Y el pensamiento reaccionario utiliza el conflicto para provocar odio y sentimientos racistas, y para justificar la instalación de cuchillas en las alambradas de las fronteras. Como respuesta, la firmeza política necesita reivindicar la bondad. ¿Es posible cerrar las fronteras al dolor ajeno? ¿Y los ojos? ¿Es posible cerrar los ojos?

Hay unos famosos versos del «Retrato» de Antonio Machado que conviene siempre recordar al hablar de bondad:

> Hay en mis venas gotas de sangre jacobina,
> pero mi verso brota de manantial sereno;
> y, más que un hombre al uso que sabe su doctrina,
> soy, en el buen sentido de la palabra, bueno.

Como vimos antes, la bondad tiene tan mala prensa que es necesario aclarar que uno se siente bueno en «el buen sentido». El poeta tiene gotas de sangre jacobina, pero elabora sus sentimientos en la serenidad del verso y apoya sus aspiraciones en un deseo de bondad social más que en una doctrina concreta. No una doctrina, pero sí una enseñanza, porque como alumno de Francisco Giner de los Ríos intentaba crecer por dentro y acomodar la conciencia a las decisiones de la vida cotidiana. En el memorable elogio del maestro que escribió a su muerte en 1915, recordó esta enseñanza: «Sed buenos y no más, sed lo que he sido / entre vosotros: alma».

Al cumplir los cincuenta años escribí el libro *Vista cansada* (2008) para meditar sobre el paso del tiempo y de la historia. Un compromiso difícil, pero inevitable, era dedicarle un poema a mi madre, la mujer que más me ha cuidado y que más se ha sacrificado por mí. Es también la mujer con la que más he discutido, porque sus ideas del mundo y del papel de la mujer en la sociedad son muy distintas a las mías. Pero además de reconocer su bondad y sus cuidados en un tiempo difícil, estaba en juego también mi compromiso con la bondad.

Recuerdo aquí una historia relacionada con Albert Camus, una famosa respuesta en una rueda de prensa en Estocolmo, en 1957, cuando le acababan de conceder el Premio Nobel. Un estudiante argelino le reprochó su decidida falta de apoyo al Frente de Liberación Nacional, que luchaba contra el ejército francés por la independencia. Los atentados terroristas eran parte de esa lucha que el joven estudiante creía justa. Camus respondió: «En estos momentos están poniendo bombas en los tranvías de Argel. Mi madre puede estar en uno de esos tranvías. Si la justicia es eso, prefiero a mi madre».

Por mucho que la historia sea coyuntural, efímera, y que la realidad tenga mil perspectivas, a la hora de la verdad hay valores, sentimientos, compromisos éticos, que no pueden romperse. La elaboración de los derechos y las cartas de ciudadanía necesita apoyarse en una experiencia de la vida, el cuerpo, el amor y el compromiso que difícilmente puede ignorar el lugar de la madre. En el poema, claro, hablo de los cuidados y los sacrificios maternos. Hablo también de ese ejercicio de madurez que supone llegar a comprender los sueños del otro y el valor que a veces tiene la renuncia a esos sueños por generosidad, más allá de las discrepancias políticas. Pero hablo sobre todo del esfuerzo por buscar la bondad, una bondad a mi manera, una bondad que sólo puede darse en el sentimiento de verdad que hay en mis recuerdos infantiles y en mi relación difícil con el mundo. Ante cualquier barbarie o injusticia, necesito ser leal a mi madre.

Madre

Dentro de nada,
cuando me den permiso
las fieras de mi tiempo,
cumpliré una palabra que nunca me pediste.
Te llevaré a París.

Porque tal vez, entonces,
en los Campos Elíseos
o en las aguas del Sena,
con Notre Dame al fondo o con la Torre Eiffel,
veré de nuevo el brillo
más joven de tus ojos,
la luz adolescente
que baja del tranvía
con bolsas y comercios y saludos
y poco más de veinte años.

Hoy te recuerdo así,
como los días sin colegio,
bandera hermosa de un país difícil,
lluvia delgada de los sábados.

Nunca guardaste mucho para ti.
Ni siquiera una noche,
una ciudad o un viaje.
Tu tiempo se sentaba en nuestra mesa
y había que partirlo como el pan,

entre tus hijos y tu miedo.
Seis veces el temor
a que la enfermedad, el vicio o la desgracia
se quisieran sentar en nuestra mesa.

No vayas a salir, a dónde vas ahora,
hay que tener cuidado
con las mujeres y las carreteras,
deja ya la política.
Y sin embargo
lo que no te atrevías a pedir
duerme en el corazón de cada uno.

Porque el amor se hereda
como un abrigo sin botones,
y a mí me gustaría acompañarte
por los pasillos del museo,
más obediente y repeinado,
para encontrar en la Gioconda
el sueño y la sonrisa
de un carné de familia numerosa.

Te llevaré a París
o a la ciudad que duerme
en la taza de té de tus meriendas,
con tu cristalería
de familia burguesa
y más aspiraciones que dinero,
con tus dientes manchados de carmín,
con tus estudios de Filosofía
y Letras, je m'appelle
Elisa, j'ai cherché
la lune, la mer, la vie,
la pluie, mon coeur,
y todo se interrumpe.

Sólo somos injustos de verdad
cuando sabemos que el amor
no pasará factura.
Pero el río sin agua
también puede llegar a desbordarse,
y a tu lado me busca
esta vieja nostalgia de ser bueno,
de no ser yo,
de conocer al hijo que mereces.

Te llevaré a París. En mi recuerdo
has aprendido algo
de lo que te olvidaste en la vida:
pedir por ti, andar por tus ciudades.

Progreso

En el otoño de 2005 viajé por primera vez a Morelia. El cambio de horario hizo que me despertara muy pronto y salí a pasear por la ciudad mexicana casi con el amanecer pegado en los talones. Un azar provocado me llevó hasta el colegio en el que fueron acogidos 456 niños españoles por el gobierno de Lázaro Cárdenas en junio de 1937.

Después del golpe de Estado de 1936, las democracias europeas, encerradas en sus miedos y en sus mezquindades, abandonaron a la República española. Suerte difícil la de un país dejado en manos de Hitler, Mussolini y Franco. México fue uno de los pocos apoyos desinteresados que tuvo el gobierno legítimo. Emociona revisar en los fondos documentales de la Biblioteca Nacional de este país, memoria preservada hoy por la UNAM, las cartas en las que los diplomáticos españoles y mexicanos intentaron ayudar a la gente durante la Guerra Civil y en los años siguientes, cuando se produjo la victoria del ejército golpista. Las razones de Estado pueden servir para provocar canalladas o para salvar vidas.

Cuando hacemos memoria, los ojos se nos suelen ir a los grandes líderes, los escritores famosos y los héroes o los canallas. Pero esa historia se convierte en una falsificación si la separamos de la vida de la gente, del tejido anónimo de las personas que se levantan cada amanecer para recorrer las ciudades con sus ilusiones y sus miedos. Aquel amanecer de 2005 me llevó al internado y al barrio de Morelia en el que los niños fueron acogidos para ser salvados del hambre y los bombardeos de una guerra salvaje. La derrota hizo que la distancia fuera a veces definitiva.

Preciso que no sólo fui al internado, sino al barrio, porque la solidaridad tiene siempre su cara y su cruz. El vecindario de Morelia se escandalizó del poco respeto que mostraban esos niños por las iglesias y los nombres sagrados. Los que se acercaban a la adolescencia dejaron claro desde el primer momento a qué cultura combativa y anticlerical pertenecían. El ser humano está lleno no sólo de luces y sombras, algo en el fondo fácil de comprender y llevar, sino de sombras luminosas y luces sombrías, realidad que hace mucho más complejos el devenir de la historia y las situaciones de la vida.

Desde aquel 2005 he tenido oportunidad de hablar con alguno de aquellos niños o con sus descendientes. La historia hermosa de la solidaridad y de la dignidad antifranquista conoció también sombras, recuerdos punzantes, la dureza a la hora de juzgar las múltiples razones de unos padres que se separaban de sus hijos, la actitud de algún maestro republicano capaz de robar las pocas pertenencias de los alumnos durante la travesía, las ardientes incomprensiones ya en Morelia, a veces el maltrato, los abusos sexuales que llegaron a sufrir. Sombras en el deseo luminoso de salvar del horror y darle un oficio a un grupo de niños y niñas asaltados por la barbarie internacional.

En el otoño de 2018 visité el cementerio civil de Morelia. Las tumbas recuerdan un sueño roto y mantienen la memoria de alguno de esos niños muertos en accidentes o por enfermedad a los pocos meses de llegar. Luis Dader García, Tárcila García Sorulla, Francisco Nevot Satorres... Sus tumbas tienen forma de puño cerrado o de bandera republicana, y repiten una misma historia. No se dan sus años de nacimiento; entran en la historia por la fecha de su muerte. Tárcila fue una niña «víctima de la barbarie fascista que la alejó de sus padres y de su patria y que vivió en México bajo la custodia del gobierno del señor General Lázaro Cárdenas».

Me emociono ante esas tumbas y me veo, nos veo a todos, como una niña desamparada, recién peinada y miedosa, con su maleta de cartón, con su pobreza y su soledad, dispuesta a viajar por la vida, su vida, bajo la mirada firme de la historia. Esa historia oficial, con sus generales y sus héroes, que nos trata como a niños. Pero muchos de nosotros somos ya mayores de edad y responsables de intentar que historia y vida no se separen a la hora de escribir un relato, el camino que nos lleve a un mundo más digno, más justo, más feliz. Y también a la triste emoción de unas tumbas lejanas.

¿Un mundo más digno, más justo? ¿Un relato? ¿Un camino de progreso hacia la felicidad? La palabra *progreso* está, junto a *política, verdad* y *bondad,* en el cubo de la basura. No faltan motivos. Al pensar en la vida, los seres humanos pueden fallar cometiendo errores o maldades, y la historia reciente ha cometido, al pensar en el futuro, muchos errores que han sacado de nosotros el lado más oscuro de la maldad.

La sociedad con aspiraciones democráticas comprendió que eran necesarias palabras como *libertad, igualdad* y *fraternidad.* Luego, al pensar en ellas y negociar con la realidad, la ilusión pudo desembocar en una guillotina, un invento técnico que hacía menos cruel la ejecución de los condenados. La técnica se hermanó así con el terror.

El sueño socialista comprendió que la libertad no era sólo una aspiración individual, sino el desarrollo de un contrato cívico capaz de crear un marco justo de posibilidades y derechos comunes, un verdadero escenario para la igualdad. Luego, al pensar en la organización política del socialismo, se generó una idea del tiempo muy peligrosa, presumiendo que el futuro imaginado podía dejar sin derechos al presente. Los comisarios estalinistas cesaron de discutir sobre el futuro para ordenar, desde el futuro, una sociedad marcada por la represión. La igualdad quedó hermanada con el terror.

La eficacia capitalista llevó la técnica y la ciencia a unas dimensiones admirables. Los avances abrieron el horizonte del conocimiento y las comunicaciones. Se dispusieron a dignificar la vida humana. Luego, cuando la economía y el poder recordaron su vieja alianza, el conocimiento desembocó en un peligroso instinto de autodestrucción.

Es normal que la melancolía se haya legitimado como un instinto de conservación y un largo ejercicio de conciencia en nuestro mundo. El tiempo no es un camino lineal hacia la felicidad porque nos han acostumbrado a los progresos bárbaros: las posibilidades bárbaras de conocimiento se convierten en un camino hacia la barbarie. El mundo productor de la modernidad en el siglo XXI, con su poder tecnológico, nos devuelve a un capitalismo propio del siglo XIX gobernado por la ley del más fuerte.

Es, además, una ley sin dueño. Ya sé que los beneficiarios económicos tienen nombre y apellidos. Nunca ha habido tanta acumulación de riqueza en tan pocas manos. Pero esos afortunados sólo son dueños a medias de un proceso que los desborda en el vértigo tecnológico que ha sustituido el mundo del trabajo por la especulación y la invisibilidad. La dueña de la librería que acaba de cerrar en mi barrio era responsable de su negocio, una comerciante a la que le gustaba quedar bien por propio interés y por arraigo en la vecindad. El ser invisible que factura millones al día por un portal de ventas en internet se contenta con hacerse millonario en un año sin necesidad de pensar en el futuro. Pertenece a un mundo de usar y tirar.

Por eso nos corresponde a los demás pensar en el futuro. Esta modernidad de progresos que hoy se llama el futuro sustituye a la ciudadanía por una audiencia de consumidores. Es insostenible, no sólo por lo que afecta a los comercios de barrio, sino por la existencia del planeta. Mal vamos si la economía se hace incompatible con la democracia y con la vida.

La tentación es pensar que nada tiene arreglo. Pero la tarea es volver al relato humano que se detenga a meditar en un progreso melancólico, sin los mandatos de la productividad absoluta y con confianza en las leyes ordenadoras que impidan la separación de la historia y la vida. Hay que negarse a que el futuro sea un lugar quimérico desde el que se puedan borrar los derechos humanos del presente, porque esta dinámica en realidad deja al presente sin futuro.

La política hace falta más que nunca, una política ilustrada que no separe la razón del corazón. Y viceversa. Tenemos que inventar un nuevo progresismo que negocie y llegue a acuerdos desde la vida cotidiana. Se trata de batallar contra la perversión de la vida dictada por un futuro sin dueños. Progreso, política, verdad, bondad, libertad, igualdad, fraternidad, futuro, naturaleza, justicia... Las palabras no son del todo nuestras, pero están a nuestra disposición.

El insomnio de Jovellanos
Castillo de Bellver, 1 de abril de 1808

Porque sé que los sueños se corrompen,
he dejado los sueños.
El mar sigue moviéndose en la orilla.

Pasan las estaciones como huellas sin rumbo,
la luz inútil del invierno,
los veranos inútiles.
Pasa también mi sombra, se sucede
por el castillo solitario,
como la huella negra que los años y el viento
han dejado en los muros.
Estaciones, recuerdos de mi vida,
viene el mar y nos borra.

El mar sigue moviéndose en la noche,
cuando es sólo murmullo repetido,
una intuición lejana que se encierra en los ojos
y esconde en el silencio de mi celda
todas las cosas juntas,
la cobardía, el sueño, la nostalgia,
lo que vuelve a la orilla después de los naufragios.

Al filo de la luz, cuando amanece,
busco en el mar
y el mar es una espada
y de mis ojos salen

los barcos que han nacido de mis noches.
Unos van hacia España,
reino de las hogueras y las supersticiones,
pasado sin futuro
que duele todavía en manos del presente.

El invierno es el tiempo de la meditación.

Otros barcos navegan a las costas de Francia,
allí donde los sueños se corrompen
como una flor pisada,
donde la libertad
fue la rosa de todos los patíbulos
y la fruta más bella se hizo amarga en la boca.

El verano es el tiempo de la meditación.

Y el mar sigue moviéndose. Yo busco
un tiempo mío entre dos olas,
ese mundo flexible de la orilla,
que retiene los pasos un momento,
nada más que un momento,
entre la realidad y sus fronteras.

Lo sé,
meditaciones tristes de cautivo...
no sabría negarlo.
Prisionero y enfermo, derrotado,
lloro la ausencia de mi patria,
de mis pocos amigos,
de todo lo que amaba el corazón.

En el mismo horizonte
del que surgen los días y la luz
que acaricia los pinos y calienta mi celda,
surgen también la noche y los naufragios.

Mis días y mis noches son el tiempo
de la meditación.

Porque sé que los sueños se corrompen
he dejado los sueños,
pero cierro los ojos y el mar sigue moviéndose
y con él mi deseo
y puedo imaginarme
mi libertad, las costas del Cantábrico,
los pasos que se alargan en la playa
o la conversación de dos amigos.

Allí,
rozadas por el agua,
escribiré mis huellas en la arena.
Van a durar muy poco, ya lo sé,
nada más que un momento.

El mar nos cubrirá,
pero han de ser las huellas de un hombre más feliz
en un país más libre.

Tiempo

Irse de la lengua es irse del tiempo. En todas las épocas ha habido gente dispuesta a decir mucho más de lo que debe decirse, porque la educación y la cultura suponen un modo especial de saber hablar o saber callarse a tiempo. ¿Cuál es la característica de nuestra lengua, sus tiempos y sus destiempos? El confuso concepto de *posverdad* ha servido para aclarar muchas cosas. Vivimos una época tan apresurada que la concepción lineal del tiempo se ha convertido en una carrera de velocidad, un compendio de sorpresas efímeras y olvidos inmediatos, un rosario de cóleras y miedos.

El vértigo, mientras normaliza las falsas noticias y los olvidos, hace que los discursos fragmentados del poder no tengan por qué responsabilizarse de lo que dicen. Mañana nadie se acordará de sus palabras, sólo permanecerá un estado de ánimo crispado, una excitación cultivada con la sucesión de mentiras que conforman la posverdad. Se invita al odio más que a la bondad, al desprecio más que al respeto, a la risotada más que al conocimiento. ¡Qué bien se lo pasan unos y otros mandándose chistes hirientes contra el adversario, convertido en enemistad obsesiva a través de wasap!

No siempre se pueden cambiar las cosas, pero siempre se está a tiempo de saber en qué tiempo se vive, cuál es su modo de relacionarse con las palabras, la mentira y la verdad. El neoliberalismo político es un regreso a la ley de la selva enmascarado de modernidad. Los instintos de supervivencia son reacciones marcadas por la aceleración: no sólo definen nuestras costumbres, sino también nuestro concepto de la vida. La idea del tiempo que nos regula impone una sucesión de instantes sin historia, sin sombra para proyectar hacia el futuro, sin compromiso al margen de lo efímero. Por eso los que se van de la lengua se van del tiempo, no tienen que responsabilizarse de sus palabras, de su pasado mañana.

Esta dinámica hace del tiempo una mercancía desechable..., y de la realidad cotidiana un vertedero. El paisaje de residuos que mueven los medios de comunicación y las crispaciones políticas es la naturaleza ideada para un ser humano concebido a sí mismo como objeto, gente que puede ser tratada como cargamento de carne en un barco a la deriva o como mano de obra barata y reemplazable.

La pedagoga norteamericana Martha C. Nussbaum publicó hace unos años un ensayo iluminador titulado *Justicia poética* (Andrés Bello, 1997). Ha pasado el tiempo, pero tiene vigencia, pertenece a nuestro relato de las cosas cuando nos habla de la imaginación literaria y la vida pública. Contra el tiempo convertido en producto, el tiempo de la literatura conforma una memoria de la experiencia humana, un saber de siglos. Alegrías y sufrimientos que nos convierten en seres con memoria y que nos comprometen con el futuro. Sólo las manos conscientes de la herencia recibida se ponen a trabajar con oficio y beneficio para que el legado pase a la generación siguiente.

La memoria no es sólo un cultivo de héroes y hazañas, de victorias y derrotas. Es bueno defender la memoria y la historia porque bajo las tragedias y las dignidades está el tejido de la vida cotidiana, la respiración de la gente que se ha levantado amanecer tras amanecer para existir, desayunar cuando ha podido, trabajar, enamorarse y tener hijos. Olvidar el pasado en nombre del instante significa un modo de irse del tiempo como relato humano para convertir a los individuos en mercancías prescindibles. En eso trabajan hoy los que se van de la lengua y mienten porque no se sienten obligados a responsabilizarse de lo que dicen.

Yo escribo porque un día entré en una habitación prohibida en casa de mis padres. Era el salón de las visitas, el lugar que se defendía de las travesuras y los destrozos de los niños.

Allí estaba la biblioteca, allí me esperaban las palabras de Federico García Lorca, Rosalía de Castro, Félix Lope de Vega y Benito Pérez Galdós. Al hacerme lector, me hice heredero del tiempo de mis mayores. Formo parte de un relato del que no quiero irme. Es mi Constitución, un libro abierto y en marcha.

Todavía estamos a tiempo de cuidarnos frente a los que se van de la lengua y del tiempo para devolvernos a la ley de la selva.

Huerta de San Vicente

Se busca una ciudad.

Parece que fue vista
en manos de un poeta.
Vestía un cielo limpio,
un desnudo de nieve
y rumor de cafés civilizados.

Se busca una ciudad
igual que una palabra.

Recuerdo aquellos años
inexplicables de mi adolescencia,
la sombra del poeta en el balcón
de su casa cerrada.
Aparecía y desaparecía
con la misma torpeza suplicante
de los primeros versos,
cuando son las palabras vagones melancólicos
de un tren que ya no puede con su alma
o no sabe moverse todavía.

Detrás de los cristales,
bajo las tachaduras de lo que se persigue
en un papel cuadriculado,
buscaba una ciudad,
un trozo de madera borrada por el tiempo,

la ley de gravedad que fijase mi nombre
en un mundo de olvidos
y de rara intuición.

Heredé las ausencias, pisé lo que no estaba,
imaginé su noche,
solitario poeta fusilado,
y me pertenecía
como la habitación de los amigos,
como la luz cautiva de la luna
en los amaneceres.

Adolescencia,
siempre tiene más prisa
el menos esperado.
Buscaba en los escombros de una guerra
aquello que no puede vivir en los escombros.

Vestía un cielo limpio, un desnudo de nieve.

Se busca una ciudad. La recompensa,
aprender a vivir con uno mismo,
saludar a la luna en horas de trabajo,
mover recuerdos en un cajón vacío.

Política

La política, la intervención de las autoridades y la ciudadanía en los asuntos públicos, depende con mucha frecuencia de fenómenos y situaciones que están más allá de ella. En esta conciencia basó María Zambrano la carta dirigida al doctor Marañón que se incluye en *Los intelectuales en el drama de España* (1937). La política republicana se estrellaba ante sus ojos con una derecha y una élite económica que no consideraban a España como un asunto público, sino como un cortijo o una propiedad privada.

Lo verdaderamente significativo del llamado bando nacional no era para María Zambrano que hubiese dado un golpe de Estado (ya que se puede ser demócrata o no), sino que una vez fracasado ese golpe hubiese vendido la nación a los nazis y a los fascistas. La curiosa tradición del nacionalismo español es que no siente el más mínimo respeto por los intereses de la nación. Este mal, que tiene que ver con las sospechas que despierta la palabra *patria* entre muchas conciencias amantes de la libertad, viene de lejos. Fernando VII se puso en manos de una expedición francesa conocida como los Cien Mil Hijos de San Luis para asegurar el Antiguo Régimen bajo los gritos de «Viva el absolutismo» y «Religión e Inquisición».

La política democrática es un debate sobre los asuntos públicos, no una pelea crispada por las escrituras de propiedad de un solar. Las formas, los procedimientos, las instituciones son un modo de reconocer al otro, una experiencia democrática a la hora de admitir que la nación es un lugar compartido. Muchas personas que no han sentido su tierra como una propiedad particular recibieron por ello la acusación de no ser buenos españoles, buenos catalanes o buenos vascos.

Reconocer la heterogeneidad del ser y la presencia del otro convierte en un asunto complejo y abierto la cuestión de la identidad. Y ésa es la tarea de la política, una tarea que necesita mucha imaginación, no porque tengamos que ser ultramodernos, sino porque hoy es necesario recuperar algunos principios. Ya que la dinámica económica está devolviendo los derechos humanos a la premodernidad, necesitamos imaginarnos de nuevo una política capaz de creer en sí misma para recuperar su autoridad.

Llama la atención que en nombre de España unos políticos españoles intenten que los jubilados españoles, los enfermos españoles, los alumnos españoles y los desamparados españoles tengan peores servicios. Ese llamativo intento es sólo el síntoma de una paradoja que nos está empujando hacia las injusticias peores del pasado por cuestiones profundas que parecen quedar más allá de la política, pero que luego tienen sus efectos. Que los nacionalismos estén brotando en el mundo como vías totalitarias es el gran logro de los que consideran sus patrias como un cortijo supremacista. Las víctimas son invitadas a la servidumbre voluntaria en nombre del desprecio al otro.

El desprestigio público de la política supone nada más y nada menos que el desprestigio público de la única vía que la democracia tiene para regular lo público. Es el deterioro de su propio ser. La corrupción, el sectarismo, las mezquindades internas, el cuanto peor mejor desembocan en sociedades que no pueden confiar en sus instituciones, entendidas también como cortijos por unos poderes económicos que imponen su ley como justicia. El desprecio a la convivencia se apodera del interior de las instituciones democráticas y deja a la política sin su razón de ser.

Más allá de la representación política están las formas de socialización que ha impuesto la telebasura, pero las consecuencias políticas son enormes en un orden consumista de lobos solitarios que, además, tienen motivos para desconfiar del amparo de sus Estados a la hora de regular lo público con voluntad de justicia social. Son la presa fácil de los que quieren convertir el rencor en identidades cerradas o de los que son capaces de venderse a los nuevos Cien Mil Hijos de San Luis en nombre de España.

Servidumbres voluntarias, nacionales que venden su nación, representantes públicos que confunden la vida pública con la telebasura... Puestos a vivir entre paradojas, me propongo una a mí mismo: el gran reto actual de la política es abrir las identidades para recuperar lo propio, una paradoja demasiado realista para no asumirla como asunto decisivo ante los grandes portavoces de las facilidades dogmáticas. Los viejos del lugar tuvimos que enfrentarnos a la España franquista asumiendo que amar a España no era amar el absolutismo y la Inquisición, sino procurar democracia para los españoles, convenios laborales más justos y una educación más igualitaria.

La historia de amor de Europa y España con la política es vieja, pero precisamente por eso podemos hacer memoria y meditar de nuevo lo que significan las razones políticas, el valor de las instituciones, lo que supone un tribunal, un parlamento, un gobierno, una oposición, unos presupuestos y una vida pública. Una nación no es una propiedad privada de nadie.

Defensa de la política

Y qué decir de ti,
amiga mía,
compañera de curso en la Universidad
y más tarde serpiente vigilada
en las conversaciones,
igual que una epidemia por las calles.
Y qué decir,
sino que te conozco desde hace muchos años
y vivo de tu parte.

Cuando me arrastro solitario
por los extremos de mi vida,
da gusto coincidir,
hablar contigo,
porque después de las preguntas
y las lamentaciones,
el recuerdo es también palabra nueva,
y cambiar, decidir o sentirme yo mismo
no llega a confundirse con las ascuas
de un asunto penoso.
Tú que sabes reír, guardar silencio
o retorcer canciones al final de una noche,
nunca me fallas si te necesito.

Yo sé que te preocupa tu futuro
y que debes ahorrar en tiempos de imprudencia.
Por eso te defiendo de los calumniadores.

Cuando somos corruptos te llamamos corrupta.
Nuestra pobre avaricia tarda poco
en acusarte de avarienta,
y nada es más obsceno
que mentir en tu nombre
para después llamarte mentirosa,
a ti, mujer de mala fama,
que sólo has intentado quedar bien,
abrazar a la gente
en una fiesta rota.

No se puede decir que con nosotros
las manos de la vida modelaran
una historia de amor.
Nos conocemos demasiado.
Pero es verdad que alguna noche,
con las excusas de la soledad,
subimos juntos a tu habitación
y nos necesitamos.

Siempre me excita descubrir
la luz de mi inocencia en tu inocencia,
esa luz que apagamos
para buscar el resplandor,
lo que hay de entrega tímida
y de primera vez
en nuestro abrazo.

Y cuando los domingos santifican
la mañana orgullosa de este país de súbditos,
me gusta pasear
entre el rumor de las miradas.
Los que viven tranquilos pueden ver en tus ojos
la primavera de mi oscuridad,
y el color conmovido
de un mundo que no duerme.

Conciencia

Las benditas rutinas de la vida se echan de menos cuando la existencia va de sobresalto en sobresalto. Cada noticia deja una sombra, una hoguera encendida, una amenaza, el recuerdo de tiempos infernales que no van a repetirse —porque la historia nunca se repite—, pero que tampoco parecen habernos enseñado nada.

¿Qué hacer? Si algo he aprendido es a no plegarme a la voluntad de los dioses o de los héroes. En este sentido, mi experiencia cívica se acompasa bien con mi experiencia de lector, no por el acuerdo del deseo y la realidad, sino por las formas que he asumido de vivir el desacuerdo.

Platón me regaló de adolescente la alegoría del carro alado. En el *Fedro*, Sócrates era un auriga encargado de gobernar dos caballos. Uno encarnaba el lado irracional y nocivo de las pasiones y otro su lado ético, esos sentimientos sin los que ninguna razón puede sostenerse. La conciencia es un auriga, un lugar inhóspito, casi un descampado en medio del vértigo de un galope de caballos.

Auriga se llamaba al esclavo que guiaba la carroza de los jefes militares. También al encargado de sostener la corona de laurel de los generales victoriosos. En medio del triunfo, tenía la obligación de susurrar: «Recuerda que eres solamente un hombre».

Ese tipo de susurro me lo han regalado muchos libros a lo largo de mi vida. Por ejemplo, ya en mi cincuentena, *La experiencia totalitaria* (Galaxia Gutenberg, 2010), de Tzvetan Todorov. Al recordar los episodios más sangrientos del siglo XX, la memoria resulta una defensa necesaria contra el mal, pero se equivoca si divide el mundo entre buenos y malos. Los dos caballos tiran del mismo carro. Los grandes asesinos nazis o los jemeres rojos de Camboya no eran monstruos, sino seres humanos igual que nosotros, gente normal que olvidó su conciencia y su capacidad de amor para ocupar el lugar de los dioses. Nosotros somos un asunto complicado.

La conciencia humana es un acto de responsabilidad vital, la forma más profunda de amor a la vida, igual que el sentimiento de culpa y de pecado es, para los que tienen dioses, la respuesta última del miedo a la muerte. En cualquier caso, ¿qué va a ser de mí? y ¿qué voy a hacer de mí? son dos preguntas destinadas a abrazarse. Si la poesía es un esfuerzo por formalizar ideas y pasiones, la conciencia nos formaliza como seres de razón y sentimiento. Es la encargada de que nuestros deseos, nuestros egoísmos y nuestros relatos no acaben separándose de la realidad; un encargo importante, porque quien se separa mucho de la realidad acaba estrellándose contra ella.

Uno de los asuntos que más me encolerizan es el debate sobre los restos de Franco. Dedicado por vocación a estudiar la obra de Antonio Machado, Juan Ramón Jiménez, Federico García Lorca, Rafael Alberti, María Teresa León, María Zambrano, Francisco Ayala, Miguel Hernández y Gloria Fuertes, víctimas en diverso grado de la dictadura, no comprendo cómo un país puede llevar tantos años sin resolver el destino final de uno de los dictadores más sanguinarios de la historia. Sigue en su tumba, irradia todavía su mezquina impunidad totalitaria desde un monumento de Estado. Al comprobar la persistencia de algunos símbolos opresivos uno siente ganas de ponerse al margen de la ley, buscando soluciones radicales.

Lo que ocurre es que la democracia encarna su conciencia en leyes, en procedimientos, en instituciones. El auriga comprende que debe cerrar los dedos y los puños alrededor de las riendas del caballo irracional y vivir con la paciencia de los argumentos y las razones. Una democracia no puede saltarse las leyes a la torera, no puede cumplir deseos al margen de las instituciones, si no quiere degradarse en una experiencia totalitaria. Más que violar las leyes o los concordatos, es necesario cambiarlos, facilitar que sus procedimientos no se separen de la vida real de una sociedad, como la razón no puede separarse de los sentimientos, ni los sentimientos de la razón.

Escribió el poeta Ángel González que Apolo y Dionisio habían convertido su espíritu en un campo de batalla. Y aclaraba: no combaten por mí, sino en mí. Las noticias y los sobresaltos alientan un combate diario dentro de nosotros. Antes de dejarse arrastrar por la velocidad, conviene que el auriga socrático se pregunte por la discusión verdadera del mundo en el que vive.

La inmortalidad

Nunca he tenido dioses
y tampoco sentí la despiadada
voluntad de los héroes.
Durante mucho tiempo estuvo libre
la silla de mi juez
y no esperé juicio
en el que rendir cuentas de mis días.

Decidido a vivir, busqué la sombra
capaz de recogerme en los veranos
y la hoguera dispuesta
a llevarse el invierno por delante.
Pasé noches de guardia y de silencio,
no tuve prisa,
dejé cruzar la rueda de los años.
Estaba convencido
de que existir no tiene trascendencia,
porque la luz es siempre fugitiva
sobre la oscuridad,
un resplandor en medio del vacío.

Y de pronto en el bosque se encendieron los árboles
de las miradas insistentes,
el mar tuvo labios de arena
igual que las palabras dichas en un rincón,
el viento abrió sus manos
y los hoteles sus habitaciones.

Parecía la tierra más desnuda,
porque la noche fue,
como el vacío,
un resplandor oscuro en medio de la luz.

Entonces comprendí que la inmortalidad
puede cobrarse por adelantado.
Una inmortalidad que no reside
en plazas con estatua,
en nubes religiosas
o en la plastificada vanidad literaria,
llena de halagos homicidas
y murmullos de cóctel.
Es otra mi razón. Que no me lea
quien no haya visto nunca conmoverse la tierra
en medio de un abrazo.

La copa de cristal
que pusiste al revés sobre la mesa
guarda un tiempo de oro detenido.
Me basta con la vida para justificarme.
Y cuando me convoquen a declarar mis actos,
aunque sólo me escuche una silla vacía,
será firme mi voz.

No por lo que la muerte me prometa,
sino por todo aquello que no podrá quitarme.

Lectura

Desde la primera vez que leí *Las mil y una noches* he tenido claro que el deseo de contar historias es un acto de rebeldía contra la muerte y el olvido. La voz de Sherezade relata acontecimientos asombrosos para no ser ejecutada por el escarmentado rey Shahriar. Su memoria y sus imaginaciones condensan el sentido de esta rebeldía. Sentimos que las palabras, las intrigas y las sorpresas retrasan el momento de la desaparición, la suya y la nuestra. Sherezade juega con la curiosidad del que escucha: contar es una búsqueda de interlocutor.

La conciencia de la muerte nos hace humanos porque supone la verdadera pregunta sobre el sentido de nuestra vida. Son los finales los que ordenan la escritura, los detalles y las curvas de una historia narrada. Cuando alguien muere, cuando alguien cierra para siempre los ojos en una mansión de lujo o en el banco callejero de un mendigo, desaparece un modo de ver el mundo, una memoria de los sabores y la luz, un sedimento de experiencias con nombres, miedos, ilusiones, costumbres, alegrías y heridas. Escribir es una forma de negarse a esa desaparición, un intento de dejar huellas o encender hogueras en la oscuridad.

Las mil y una noches enseña también que las palabras y sus relatos son una forma de poder. El que escucha cae en la seducción del relato, y los relatos ordenan el mundo, reclaman una fuerza semejante a la del efrit que irrumpe, el ser mitológico de las leyendas árabes, una fuerza amenazadora capaz de cometer acciones cruentas con los personajes que se cruzan en su camino o de comportarse de forma generosa a la hora de conceder deseos. Los cuentos de *Las mil y una noches,* por ejemplo, hablan de mujeres tramposas, engañadoras, sometidas a la lascivia, la mentira y la avaricia de su mala condición.

El relato no es sólo un modo de oponerse al desorden y la nada, sino una forma determinada de ordenar el mundo, la identidad de los seres humanos, su condición, sus ilusiones. Bajo la realidad descarnada y funeral que vivimos, cuando la sospecha sobre las bellas palabras se extiende como descrédito de cualquier relato, recuperar la ilusión es una tarea necesaria, pero también una responsabilidad, una exigencia de meditación sobre el orden. ¿Cómo ordenamos el relato? ¿De qué modo situamos la palabra mujer, esposa, hija, marido, padre, hombre? ¿Qué hacemos con el amanecer, la tormenta, el castigo, la compasión, el deseo, el trabajo, la vida y la muerte?

Domina el viento quien domina el relato. Las noticias jerarquizadas por los medios de comunicación clásicos intentaron durante años despojar a la literatura del relato en nombre del poder. Hoy son las redes sociales las que sustituyen cualquier tipo de relato por una tormenta de fragmentos y retales muy calculados en su desesperada aceleración. Los fragmentos desregulan, deslegitiman la voz de un Estado. Los fragmentos buscan con la pericia de los filtros mediáticos a su consumidor para halagarlo, sacarlo de sus casillas, encerrarlo en su torre de odio, cortarle el paso a los mundos inevitablemente mestizos de la convivencia y convertirlo en una pieza esclavizada por el juego. Una democracia sin convivencia supone un invento digital muy envenenado.

Leer historias es una forma de estar sentados en el balcón observando en la plaza el discurrir de la vida cotidiana, las rutinas de la gente que pasa, se encuentra, se besa y se despide. Conocidos por dentro los personajes —y ése es otro privilegio de la literatura—, tardamos poco en comprender que no hay una separación tajante entre lo viejo del todo y lo nuevo del todo, entre los buenos y los malos o entre el héroe y la persona burocrática. Acostumbrados a leer las huellas que la literatura nos ha dejado contra la muerte y el olvido, debajo de cada ser humano, por modesta que sea su apariencia, puede reconocerse un caballero cargado de sueños, un monarca asesino, un amigo traidor, un sabio dispuesto a vender su alma al diablo, una reina vengativa, una niña huérfana con necesidad de amor, una joven con derecho a la libertad o una madre llena de coraje.

Mientras nos vamos contando la vida para defendernos de la muerte aprendemos que las miradas se buscan igual que las soledades porque el relato es un asunto de dos, una convivencia. Nada es más hospitalario que el libro que nos recibe ordenado para hablarnos de nuestra vida. Perdón, matizo, hay una hospitalidad semejante: la de los ojos que se abren para recibir palabra a palabra la huella de los otros, las historias y las intimidades contadas por gentes que un día se rebelaron contra la desaparición.

En el viento de las palabras y la literatura rema un antiguo deseo de entenderse.

El lector

Al volver,
burocráticos hombres con cartera
descansan un momento.
Hay un rumor de luces suspendidas,
una dispersa claridad de voces,
y en la tarde se abren
los pájaros en fuga,
el coro de las madres y de las bicicletas,
un músico ambulante.
La vida rutinaria es esta mansedumbre
de gente que se llama, se besa, se despide,
mientras el sol incendia las fachadas
y se apaga en el agua de la fuente,
en la botella del mendigo.

Está la plaza llena todavía.
Desde el balcón, sentado con un libro,
comparto en soledad la jubilosa
caída de la tarde.
Después habrá un misterio en cada esquina,
un silencio de tilos y de sombras.
Descenderá la noche
saltando como un gato de ojos brillantísimos
y por el decorado de la plaza,
lejos ya del rumor de los talleres,
veré cruzar extrañas siluetas,
un loco en su caballo,

un monarca asesino,
una mujer adúltera de sueños descompuestos,
el sabio que ha vendido su alma, detectives
cargados de derrota,
piratas infernales
y también
burocráticos seres con cartera
que esconden en su vida rutinaria
un estrangulador,
un resistente
de guerras y ciudades sometidas
o tal vez un poeta.

En mitad de la plaza hay alguien que se vuelve
y levanta los ojos
para buscar la luz en mi ventana,
el faro de la noche y sus fantasmas.

Amor

Un recuerdo. Hay escenas de la vida cotidiana que parecen una intervención en un museo de arte efímero o un documento para meditar en un congreso filosófico sobre lo inmediato. Pero se quedan en la memoria. Camino de la estación de Sants, el tráfico en las calles de Barcelona es cada vez más lento. Por eso el viajero puede entretener la mirada en los detalles que rodean el andar del taxi. De pronto ve a un mendigo que duerme sobre un banco cubierto de cartones. En uno de ellos puede leerse un aviso fuerte: «Muy frágil».

No sé qué tipo de mercancía transportó la caja de cartón que hoy sirve para defender del frío y la llovizna a un cuerpo humano. Tal vez llevara un cargamento de esos aparatos tecnológicos tan perfectos en su modernidad que están diseñados con una fecha veloz de objeto caduco. La candente actualidad se llena de acontecimientos ruidosos como las bocinas de los coches. Discusiones airadas, malentendidos, mentiras galopantes, banderines de enganche, pitos y palmas, que pasan con prisa, aunque estén detenidos, junto a la fragilidad de un cuerpo.

¿Qué aporta la paciencia necesaria para atender la fragilidad de los cuerpos? Sólo el amor, su conciencia de que necesitamos vivir juntos por pura dependencia, por una verdadera debilidad. Las bocinas de los coches suenan a líder carismático, joven sin complejos, voz capaz de cantar las cuarenta, personalidad prepotente y ufana tan exigida por tiempos que dicen correr en medio del atasco y la incertidumbre. El amor, sin embargo, reúne a los cuerpos y las ilusiones por pura necesidad del otro. No la audiencia capaz de aplaudir, sino el otro dispuesto a sonreír mientras comparte su necesidad de cuidar o de ser cuidado. Nos reúne la debilidad.

La palabra *compromiso* murmura a la vez el vínculo y la promesa, el *con* de estar juntos y el *pro* del progreso. Sentir amor es tomar conciencia de un futuro compartido. Es significativo que el lenguaje haya unido en la palabra *compromiso* la vocación social y el acuerdo amoroso. Los enamorados y los activistas son personas comprometidas, personas que buscan su fuerza en la fragilidad. El deseo de sacar al espacio público los cuidados que suelen darse en un hogar convierte a la salud, la educación y la justicia en una aspiración política. Son la intimidad de la política, su razón de ser, la vacuna contra el sectarismo, la corrupción y las vanidades.

Las personas que nos necesitan nos hacen como somos. La verdad del amor no tiene que ver con la fidelidad, sino con la lealtad. Que cada cual organice sus relaciones privadas como quiera, pero la fidelidad política corre el peligro de convertirse en consigna, en obediencia convencional o ciega, en instinto capaz de matar. La lealtad es compatible con la libertad y aporta otros matices, otro instinto, la fuerza de estar dispuesto a sacrificarse por alguien, un acto de entrega cuando resulta necesario, no de conquista.

Es la metáfora callejera que vuelve a mi recuerdo: un cartón con el aviso de «muy frágil» cubre al ser humano en las primeras décadas del siglo XXI. Siempre ha sido así, pero llevamos tiempo empeñados en olvidarlo. El orgullo que quiso convertir en máquinas a los cuerpos y a los Estados está a punto de desembocar en una fecha de caducidad calculada, un desierto de ruidos sin memoria, sin amparos, sin entendimientos, sin cuidados, sin amor. Escribir es cuidar las palabras para darse al otro, preparar una habitación en espera del otro. Necesitamos aprender a esperar y aprender a llegar.

Alguien abre con su llave la puerta de una casa o alguien que espera sentado junto a una ventana oye el rumor de unos pasos en la entrada. Hola, hola, suenan las palabras en la penumbra. El hola del que llega es una pregunta en forma de saludo, ¿estás ahí? En forma de hospitalidad, también es una pregunta el hola del que espera, ¿has llegado? Abrir un libro o una conversación supone un decirse hola entre el autor y el lector en una casa común, un deseo de cuidar las palabras, cuidar la casa para la cita, cuidarse. ¿Nos entendemos?

Escribo de amor porque estoy fatigado de la actualidad candente, de la prepotencia de los ruidos mentirosos. Escribo de amor porque me gusta tocar y ser tocado cuando hablo de libertad, miedo, humillación o dignidad. Escribo de amor porque celebro el olor a tierra húmeda y el aire limpio de la mañana. Escribo de amor porque cada vez soy más revolucionario con las cosas de nunca y más cuidadoso con las cosas de siempre. Escribo de amor porque he visto el cuerpo de un mendigo olvidado por el tráfico de la ciudad, un cuerpo muy frágil cubierto de cartones.

Resumen

No existe libertad que no conozca,
ni humillación o miedo
a los que no me haya doblegado.
Por eso sé de amor,
por eso no medito el cuerpo que te doy,
por eso cuido tanto las cosas que te digo.

III. Explico algunas de mis cosas

Autobiografía ética y estética

1

Me gusta pensar en la poesía como una vocación que no rompe su compromiso con la verdad. Es una apuesta meditada que tiene que ver con mi memoria más inocente. Yo nací en Granada, una ciudad muy de provincias, abrazada por la vega al final de los años cincuenta. Soy el hermano mayor de una familia numerosa. Seis hijos, todos varones, criados en las alamedas del río Genil y en la vida callejera de un barrio sin coches en el que todo el mundo se conocía. Ni que decir tiene que los niños traviesos son el mayor peligro para las sillas, las butacas, los cojines y las mesas. Una resignación para mi madre. El estribillo de mi infancia se debe a la voz materna, y mezcla la disculpa con la amenaza: «Es que son seis, todos varones».

Ya he contado antes que, como era costumbre en la época, mis padres reservaron una habitación para poder recibir con cierta decencia a los amigos y familiares que visitaban la casa. La llamaban el salón de las visitas. Los muebles estaban allí a salvo de la barbarie infantil. El secreto, la soledad, el silencio y la prohibición nacieron como un acto de defensa propia.

Fue al final de mi infancia cuando entré con sigilo en el territorio sagrado, aprovechando un descuido de la vigilancia materna. En el salón de las visitas estaba también la biblioteca familiar. En ella encontré un tomo de la editorial Aguilar que tenía aspecto de libro sagrado. Su encuadernación en piel, sus letras de oro en la cubierta y su papel biblia le concedían una hermosa solemnidad. Se trataba de las

Obras completas de Federico García Lorca, un poeta nacido en mi ciudad y víctima de la Guerra Civil española. De eso me enteré después, algo después. El día del encuentro me limité a sumergirme para siempre en un mundo mágico en el que las cosas eran algo más de lo que parecían ser. La luna significaba algo más que la luna, los jinetes y los caminos parecían algo más que jinetes y caminos, la noche se llenaba de presentimientos y el agua se convertía en oro cuando una mano tiraba su limón en el río. Una verdad legitimaba su existencia. Fue un mundo sagrado, dentro de un libro sagrado que se custodiaba en la habitación sagrada de las visitas.

Como no soy creyente ni me afectan las ideas religiosas, he encontrado en la poesía mi lugar de lo sagrado, el lugar en el que no puedo mentirme, un espacio de la verdad, del respeto a uno mismo, el esfuerzo por hacer que mi mundo interior se armonice con el exterior a través de las palabras. Para mí, un buen poema, ya sea escrito o leído, concede una nueva oportunidad a la dignidad del ser humano y a la verdad de la vida. El destino busca una vocación para cumplirse. No es poca recompensa saber que hay un espacio, aunque sea de uso íntimo, en el que la verdad, ese concepto tan maltratado por la historia, resulta no sólo necesaria, sino imprescindible. Dice Joan Margarit que un mal poema ensucia el mundo. Tiene razón.

Para un poeta hay mucho de realidad en la famosa afirmación desmesurada con la que Walt Whitman definió sus *Hojas de hierba:* «Camarada, esto no es un libro; quien toca esto toca a un hombre». Es la idea que Federico García Lorca recogió y radicalizó en *Poeta en Nueva York* para unir las palabras con las verdades últimas: «... porque yo no soy un hombre, ni un poeta, ni una hoja, / pero sí un pulso herido que sonda las cosas del otro lado». Jaime Sabines continuó este difícil diálogo con la verdad de la poesía cuando escribió sobre la muerte de su padre: «Me avergüenzo de mí hasta los pelos / por tratar de escribir estas cosas. / ¡Maldito el que crea que esto es un poema!».

La ficción literaria, el aprendizaje de la música, las formas, la retórica, los borradores, los pactos, las tachaduras, la papelera con los fracasos o las renuncias, la negociación con la escritura, la elección, lo sustantivo y lo adjetivo, las tradiciones, las novedades y el acuerdo con uno mismo y con los demás no tienen sentido si no se viven como una búsqueda de la verdad. La ambición de cada momento creativo no exige más que una modestia machadiana, la conciencia de unas cuantas palabras verdaderas. Ni más... ni menos.

2

Después de tantas discusiones sobre la identidad, las raíces y las singularidades de los demás, aprovecho que la casa está sola y llena de sombras para preguntarme: ¿de dónde vengo yo? Quien pretende ser algo más que una superficie en el espejo sabe que la cuestión de la identidad suele convertirse en una pregunta, incluso en un interrogatorio.

Soy de otra época, tengo que reconocerlo. A lo largo de los años me acostumbré a ir de la vida a los libros y de los libros a la vida. Así que me levanto y busco en mi biblioteca un libro publicado en 1971 por Ruedo Ibérico, la editorial antifranquista fundada en Francia. En la cubierta se reproduce en gris la fotografía de una fosa común, junto a un título en tinta roja oscura, casi el color de la sangre cuando empieza a secarse: *La represión nacionalista de Granada en 1936 y la muerte de Federico García Lorca*.

El libro de Ian Gibson llegó a mis manos a través de un compañero de bachillerato en los Padres Escolapios de Granada. Hasta entonces García Lorca había sido un sentimiento familiar, el mundo de metáforas y emociones descubierto en la biblioteca de mis padres. Pero en aquel libro de Gibson la figura del poeta se transformó en una historia más ancha y larga, la historia de mi ciudad, la sombra de alguien que había caminado por mis calles y que había muerto, ejecutado por sus vecinos y mis vecinos, veintidós años antes de que yo naciera. A medida que sabía los detalles de un recuerdo, la ciudad más inmediata se llenaba de incógnitas, secretos, silencios y olvidos. La cercanía de un lugar nos hace vivir sobre lo que desaparece; somos vida en aquello que hay y en lo que ya no está.

Recuerdo una frase del prólogo, sin importancia aparente, que me llamó la atención: «Federico García Lorca, conocido en toda España por *Federico...*». El poeta famoso, el autor de teatro aplaudido, tenía una presencia de amigo íntimo. No se le llamaba por el nombre y los apellidos, como ocurre en los manuales de literatura y en las listas de los profesores de un colegio, sino sólo por el nombre. La intimidad particular vivida en el salón de casa de mis padres salía en busca de los demás y me hacía participar en algo común, un mundo colectivo que me sacaba de mi hogar.

El nombre de Federico y la historia de represión y muerte contada por Gibson me llevaron en primer lugar a la Huerta de San Vicente, el hogar de la familia García Lorca cuando estalló en Granada el golpe de Estado de 1936. María y Evaristo, una pareja bondadosa que por entonces guardaban la Huerta, comprendieron la emoción del adolescente que miraba desde fuera los balcones cerrados y me abrieron la puerta para que pudiese entrar en un mundo en el que se respiraba la historia de Federico, la vida cotidiana de una familia arrojada al exilio y la alegría resistente de un mundo de pintores, poetas y escenógrafos que se negaba al olvido y a la represión.

Poco después empecé a subir monte arriba, hasta los barrancos de Víznar y Alfacar. Miles de granadinos habían sido asesinados y enterrados en las fosas comunes de un paisaje que me llenó de una emoción íntima y definitiva, como la luna de los poemas de García Lorca leídos en la edición de *Obras completas* de la editorial Aguilar. Allí estaban los republicanos, los demócratas, los profesores universitarios, los sindicalistas, los socialistas, los comunistas, los poetas, hombres y mujeres que formaban ya mi pasado, una identidad difícil hecha de realidades y de sueños en busca de la libertad, la igualdad, la fraternidad, la justicia social y la decencia.

Vuelvo a la biblioteca para buscar ahora un libro mío, *Completamente viernes* (1998), en el que celebré una historia de gran amor. Releo un poema, viajo a Granada, le digo a mi amante madrileña que voy a presentarle a mi familia y subo con ella al barranco de Víznar. Mira, aquí están mis muertos, éstas son mis raíces. De aquí vengo, aquí me pregunto quién soy yo, sólo desde aquí puedo pronunciar las palabras *verdad* y *amor*. Aquí vengo a decir te quiero y a sentir que seguimos adelante. Aquí está la biblioteca de la casa de mis padres, pero también un mundo colectivo y solidario, una historia de injusticias y resistencia, una voluntad universal que borra los apellidos, para llamar a los deseos y a las cosas por su nombre.

3

Entre rocas junto al mar o en una mesa llena de papeles y libros que se han ido amontonando. Son dos recuerdos del final de mi adolescencia. Los libros responden al lector que intenta buscarlo todo, que poco a poco se hace una identidad a través de lo que vive y de lo que encuentra en el oleaje de las páginas. Las rocas me sitúan en un lugar de la costa granadina entre Almuñécar y Velilla. Todavía no se ha abierto la carretera, ni se ha inaugurado el paseo marítimo. Caminando a la hora de la siesta, es fácil encontrar refugio para encender un cigarro, abrir un libro y mirar las páginas de espuma que mueve el azul transparente del Mediterráneo.

A la casa de mis abuelos me he llevado algunos poetas que quiero leer de manera atenta. Ahora tengo en los ojos varios libros vanguardistas de Rafael Alberti. Necesito ser moderno, huir del sabor a rutina y café con leche de la España en la que vivo y leo. Más que la poesía popular de *Mari-*

nero en tierra, me atraen ahora los poemas de *Sobre los ángeles* y de *Sermones y moradas*. Es un viaje parecido al que ya he hecho antes desde las canciones y los romances de Federico García Lorca hasta los versos desesperados de *Poeta en Nueva York*. Vivo esa desesperación como un rasgo de modernidad frente a las tradiciones.

«En frío, voy a revelaros lo que es un sótano por dentro», escribió Alberti. Necesito sumergirme, negociar con la profundidad, convivir con las sombras. Los versículos tienen un aire bíblico, el de la palabra que parece adecuada para viajar al futuro con los profetas o para indagar en las moradas religiosas. Pero ese viaje se parece mucho a las navegaciones que no encuentran ninguna isla y sólo descubren sobre el mar lejano los cadáveres de unos sueños ahogados. Hay palabras que flotan como restos de naufragios. El tiempo se vuelve sobre sí mismo, no halla salida, ha perdido su fe, convierte cualquier ángel en un cuerpo deshabitado y cualquier nostalgia en una botella rota. Es un mundo deslumbrante por la lucidez de su fracaso y su oquedad: «En frío, voy a revelaros lo que es un sótano por dentro».

De pronto me encuentro con una elegía cívica, fechada el 1 de enero de 1930, que se titula «Con los zapatos puestos tengo que morir». Junto al mar y sus naufragios siento que estoy descalzo, que debo ponerme los zapatos para acompañar en su camino al poeta que dice estar en la calle. La elegía está llena de versículos, es más religiosa incluso que los libros anteriores, recupera un tiempo lineal, confiado en el futuro. Las olas se ponen al servicio del día de la ira y caen sobre la realidad de una forma destructiva, vengativa, dispuesta a participar en el juicio final. Bajo el aire violento de los versos se consolida una diferencia entre el mundo viejo y un posible mundo nuevo. Día 1 de enero, año nuevo, vida nueva. Agosto entre rocas, mientras el mar se mueve, se va y regresa, poco antes de que empiece un nuevo curso. Es conveniente ponerse los zapatos, incluso es posible ponerse los zapatos para no morir. ¿Tiene sentido la historia?

Siento que sí, es posible caminar. Un sentimiento parecido me invadió al leer «Grito hacia Roma», una de las maldiciones más meditadas de la poesía española. García Lorca buscó el edificio más alto de Nueva York para gritar contra la cúpula del Vaticano. El abrazo del mundo del dinero y la espiritualidad había roto cualquier esperanza de futuro. Los cuerpos vacilaban insomnes por los suburbios como muertos vivientes. Las palabras de la poesía eran también muertos vivientes, como las buenas intenciones de la sociedad. Muertos vivientes el amanecer, el progreso, la justicia, la escuela, la paz. El poeta gritó para devolverles la vida a las palabras, los solitarios de las calles se reunieron y la multitud ciega se convirtió en una esperanza colectiva gracias a la repetición de la palabra *amor*. Ya no había un conjunto de soledades, sino una ilusión compartida. El tiempo recuperaba su compromiso con el futuro.

Dos profesores habían preparado el terreno para que mi rebeldía se acercase a las palabras compartidas más que a los sótanos sin luz y al cadáver de un sueño en alta mar. Los maestros contagian, son adelantados de una herencia, mandatos que uno recibe y hace propios hasta que la inquietud y el saber se convierten en una vocación. Antonio Díaz bajó una mañana a clase un tocadiscos y puso canciones que Joan Manuel Serrat había compuesto con poemas de Antonio Machado. Manuel Jerez me prestó un libro de Blas de Otero. La palabra cívica, el verso que transformaba la rebeldía en un compromiso y en una inquietud compartida, se adaptaba bien a mi adolescencia en los últimos años del franquismo, rodeado de cantautores y de hechos cotidianos (un cura rojo, una amiga sin monjas en la sonrisa, una librería, una manifestación...) que me hacían respirar la política con naturalidad. Las ideas importantes se aprenden en los libros, pero las ideas decisivas forman parte de la respiración.

Entre las rocas de Almuñécar, yo necesitaba ponerme los zapatos del poeta en la calle. El surrealismo estaba bien, pero no pertenecía a mi respiración.

4

«Para buscar mi infancia, Dios mío...» Recuerdo este verso de Federico García Lorca que utilizó Blas de Otero en un poema dedicado al autor granadino. Con su lectura pública, participó en un homenaje al autor de *Poeta en Nueva York* que tuvo lugar el 5 de junio de 1976 en Fuente Vaqueros. Era el primer gran acto de memoria republicana que podía celebrarse en Granada, su Granada. Pero todavía estábamos bajo el peso burocrático y policial de la dictadura. Manuel Fraga Iribarne, ministro de la Gobernación, concedió media hora para las intervenciones y llenó los secaderos de tabaco con los uniformes grises de la policía armada. Media hora de libertad después de cuarenta años de dictadura, dijo Manuel Fernández-Montesinos, sobrino del poeta e hijo de un alcalde socialista también fusilado.

Blas de Otero recordaba en su poema, con la flexibilidad cronológica de la memoria literaria, que cuando tenía trece años conoció al autor de *Bodas de sangre*. Estaba de paso por Bilbao con la actriz Margarita Xirgu. Se trata de una licencia poética para jugar con el tiempo, porque en realidad estaba a punto de cumplir veinte años cuando García Lorca visitó la ciudad en enero de 1936.

Releer el poema me emociona. La mañana del 5 de junio de 1976 tuve yo la oportunidad de conocer a Blas de Otero en un acto previo al gran homenaje. Los estudiantes universitarios se reunieron con él y con otras personalidades en el Hospital Real. Actrices, cantantes, poetas tendían un puente de agitación entre el pasado y una actualidad que interpelaba con nuevas ilusiones los tejidos de la vida cotidiana. Mi madre, una mujer conservadora, culta y sentimental, había aparecido la mañana anterior con un cartel de homenaje a García Lorca comprado en uno de los tenderetes callejeros que los organizadores, en su mayoría militantes del Partido Comunista, pusieron en el centro de la ciudad para pregonar el acontecimiento. Conservo todavía ese regalo espontáneo como muestra del seguro azar que conforma una biografía en las manos de un tiempo.

Admiraba y admiro mucho a Blas de Otero. Mi formación poética había cruzado la adolescencia con *Canciones* y *Poeta en Nueva York* de Lorca, y luego con *Pido la paz y la palabra* del poeta bilbaíno. Cuando me acerqué a saludarlo, arrastré la timidez y la emoción en los labios. Se me ocurrió decirle que por gente como él quería dedicarme a la poesía y estaba en un acto como ése. Estaba organizado por la sociedad civil que se movía en el entorno del Partido Comunista, un homenaje a un poeta ejecutado por el franquismo. Blas sonrió, me acarició el pelo y murmuró: «¿Por gente como yo? Espero que algún día puedas perdonarme».

No estaba entonces en condiciones de entender la ironía, la distancia íntima que suele establecerse entre el deseo y la realidad, un espacio en el que suele llover y en donde acaban sedimentándose todas las decepciones. En medio de la gente que llenó el patio del Hospital Real y luego, por la tarde, la plaza de Fuente Vaqueros, me sentía en un lugar propio, un corazón más entre la multitud, como si fuese posible formar parte de una ilusión colectiva sin renunciar a la propia conciencia de ser. Algo parecido a la verdad o a la confianza en un acuerdo natural. Estaba a la vez en el uno y en el nosotros, como un grito interior o un silencio público. Era un pez en el agua templada de mi historia. Recordaba Blas de Otero en su poema que las banderas republicanas habían ondeado en el Teatro Arriaga. Banderas rojas y republicanas ondeaban en la plaza de Fuente Vaqueros mientras se escuchaban los versos de Rafael Alberti —cuya voz nos llegó en una grabación desde el exilio—, Blas de Otero y José Agustín Goytisolo.

Si admiro a los poetas más jóvenes y aprendo de ellos es porque me eduqué en la admiración de mis mayores. En buena medida, ésa es la dinámica de la escritura, una herencia que da pie a nuevas generaciones, una palabra recibida que se abre al futuro a través de la perpetua actualización de los jóvenes.

Me gusta pensar en la idea del tiempo que funda la literatura: el tiempo como relato, el presente con dimensión histórica. El capitalismo lo mercantiliza todo, lo convierte todo en objeto de consumo. Los cuerpos, los empleos, las horas de ocio o de trabajo, la política, todo es un objeto de usar y tirar, todo se produce con una fecha de caducidad en el ritmo acelerado de la especulación. El entusiasmo mercantil por el presente borra la memoria, cancela el compromiso con el futuro y deja vacío de significado el instante. En el mundo de lo instantáneo, lo de ayer se olvida hoy porque nada de lo que se vive o se siente nace para ser respetado. Por eso busco en la poesía una forma de resistencia.

Blas de Otero se había acercado a Federico García Lorca en 1936, en un teatro de Bilbao, con la misma lámpara encendida y tímida con la que yo me acercaba a Blas de Otero en 1976, en la plaza grande de Fuente Vaqueros. Entre la gente, habitábamos un lugar y una memoria del futuro. El diálogo generacional es lo que constituye una comunidad, lo que consolida una palabra en el vértigo del tiempo. Esa conciencia de la historia y la escritura ha marcado mi relación con la poesía. También con la política. No he querido que la ficción sea una máscara estética para ocultar la realidad, sino un espacio en el que pueda cobrar sentido la experiencia del relato humano.

5

«La literatura no ha existido siempre.» Así empieza el libro *Teoría e historia de la producción ideológica* (Akal, 1974), del profesor Juan Carlos Rodríguez. Sus alumnos estábamos acostumbrados a escuchar frases parecidas en las clases de la Universidad y en las conversaciones nocturnas (citas inevitables de copas y bibliografía cuando la literatura significaba ya una pasión de vida). Eran frases que invitaban a ejercer el pensamiento como una forma de sospecha. La tradición de la filosofía contemporánea consolidada en el deseo de indagar la presencia del poder bajo el disfraz amable o solemne de la Verdad suponía uno de los ejes de las meditaciones de Juan Carlos. Discípulo de Louis Althusser, la comprensión de las producciones culturales como formas ideológicas centraba su labor en el estudio de «la radical historicidad de la literatura».

La figura de Juan Carlos Rodríguez fue clave en la vida universitaria granadina de los años setenta y ochenta. Aunque encarnaba una de las referencias decisivas de la cultura comunista, su labor no se relacionó mucho con las tareas dirigentes del Partido, sino con un constante debate ideológico que convertía el pensamiento y la creación literaria en formas de compromiso. Había un reto de sentido político en el hecho de estudiar a San Juan de la Cruz o de escribir un poema de amor. El cruce de Althusser y Lacan facilitaba situar las discusiones en el inconsciente ideológico de la escritura.

Además de su inteligencia, Juan Carlos contaba con una virtud importante para el joven poeta y comunista que yo empezaba a ser: la pasión por la literatura. Fue una verdadera fortuna que su pensamiento crítico atendiese a los procesos de formación de la subjetividad y a la configuración de las fronteras articuladas entre la intimidad, lo privado y lo público como acontecimientos producidos por la historia. Al leer un soneto de Garcilaso o un drama de Moratín llevaba el debate a los ámbitos en los que se decide no ya la lucha política, sino la constitución del yo. ¿Qué digo cuando digo soy yo?, ¿de qué hablamos cuando hablamos de poesía?, dos preguntas inseparables.

Los discípulos de Juan Carlos Rodríguez comprendimos pronto la importancia de las reflexiones de Antonio Machado sobre el carácter histórico de los sentimientos. El poeta había reaccionado al festival de experimentos formales de las vanguardias advirtiendo que los sucesos importantes de la literatura llegan cuando el mundo literario responde a una transformación sentimental. La historia no actúa sólo en un debate constitucional o en una organización política. El amor, el miedo, el deseo, las relaciones más secretas con la muerte nacen también en la historia y se viven desde la intimidad como una práctica social. ¿De qué hablamos cuando decimos soy hombre, soy mujer o te quiero?

Esta conciencia permitía llevar el debate literario y sus compromisos históricos más allá de los asuntos políticos. Machado hablaba de nueva sentimentalidad y Juan Carlos Rodríguez habló de otra sentimentalidad para remarcar el deseo de quiebra. El paso de la dictadura a la democracia no se limitaba para nosotros a la conquista del derecho al voto y a la legalización de los partidos políticos. Se trataba de conseguir una emancipación en la propia intimidad con un *sentimiento otro*, una *convivencia otra* y una transformación de las relaciones sociales y del papel desempeñado en ellas por la subjetividad. Resulta fácil comprender que nos desentendiéramos de las polémicas entre poesía social y autonomía estética que tanto había fomentado la generación de los novísimos con la intención de decretar el desierto literario en la posguerra española hasta la llegada de su modernidad. Herederos de la lucha comunista contra la dictadura y preocupados por el carácter histórico de los sentimientos y por las contradicciones de la intimidad, nos sentimos más interesados por una tradición encarnada en poetas como Machado, Jaime Gil de Biedma y Ángel González.

También en un poeta italiano: Pier Paolo Pasolini. El discurso superficial del compromiso comunista podía repetir la idea de que el pueblo lideraba el camino para la revolución y exaltar los motivos para la lucha con la fe de los carboneros. El futuro nos dará la razón y triunfarán nuestras banderas rojas. Es un entusiasmo que a veces hace falta —en medio de la soledad real— para mantener un discurso en el que no quede borrada la palabra *futuro*. Sin embargo, tampoco es posible mantener por mucho tiempo el sentimiento de ridículo en la literatura. Un conocimiento mínimo de la historia social y literaria permitía sospechar sobre ese futuro y sobre los deseos del pueblo. Desde los años sesenta abundaban las pruebas de que el desarrollismo industrial y la sociedad de consumo habían provocado en España una verdadera mutación antropológica. La falta de comprensión de este proceso hizo que el Partido Comunista, la organización clave en la lucha contra la dictadura, se encaminase a su desaparición acelerada como fuerza social de la democracia. Se presentó a las primeras convocatorias electorales como un episodio del pasado. Perdió así la conciencia de lo mucho que podía haber aportado en la España de los años ochenta.

Pasolini había elaborado en sus libros de poemas, sus ensayos y sus películas una mirada profunda sobre la mutación antropológica sufrida por las clases populares italianas en la sociedad consumista de los años sesenta. En su libro *Las cenizas de Gramsci* vibraba el doloroso monólogo de un poeta que quería seguir cerca de la honestidad intelectual del teórico marxista, pero que era a la vez consciente de que esa decisión lo alejaba de las nuevas clases populares, atrapadas por el capitalismo avanzado, y lo condenaba a la soledad de un jardín extranjero. Resistiéndome todavía a la vitalidad desesperada de Pasolini y deseoso de respirar las ilusiones combativas y democráticas de los primeros años ochenta, mi libro *El jardín extranjero* (1983) nació de *Las cenizas de Gramsci*.

Si uno se decide a creer de verdad en la historia, está condenado a dejar de confiar más pronto que tarde en las tierras prometidas, en las rupturas perfectas y en los monaguillos y los comisarios políticos. La democracia había llegado con los vientos victoriosos de la sociedad de consumo. Renunciar por eso al valor del conflicto democrático sólo es posible cuando alguien desconoce lo que es una dictadura y lo que es una democracia.

6

La puesta en duda de la Verdad me acercó a la experiencia poética de Jaime Gil de Biedma. La distinción entre el yo biográfico y el yo literario, además de romper con la expresividad esencial del sujeto simbolista, permitía tomar conciencia de los procesos de elaboración de la escritura como historia y de la historia como escritura. Compuse *Diario cómplice* (1987), una historia de amor en la que los protagonistas no perdían de vista su condición: «Recuerda que tú existes tan sólo en este libro y recuerda que yo existo porque existe este libro, / que puedo suicidarnos con romper una página». Pero una vez descubiertas las distancias entre el yo y el personaje, mi tarea como poeta fue inclinándose hacia el deseo de que mi personaje se acercase cada vez más a las preocupaciones y las realidades de mi vida. Las paradojas del poeta se parecen mucho a las paradojas del comediante, aunque haya que añadir aquí un viaje de ida y vuelta.

Cuando pienso en la configuración de mi mundo poético, que defino a veces como una lealtad de conciencia a la melancolía optimista, hay dos escenas de mi vida que aparecen con claridad. Voy a recordarlas.

Praga, junio, 1983. Gracias a la mediación de Rafael Alberti y Marcos Ana me invitan a participar en un Congreso por la Paz que se celebra en Praga. A los veinticuatro años, vivo con emoción profunda la posibilidad de estar en un país del Este con Rafael, Marcos, Juan Genovés, Armando López Salinas, Juan Antonio Bardem y otros amigos comunistas. Desde 1980 la admiración y el magisterio de Alberti se han convertido en una amistad sincera. Una tarde, mientras tomamos café en la terraza del Palacio de Congresos, Rafael me hace un comentario sobre la protesta que ha formulado un grupo de militantes del PCI ante la carga policial contra unos disidentes. Siempre tienen que llamar la atención, comenta. Le confieso a Rafael que me gusta poco lo que se respira en las calles de Praga y en las visitas programadas a las fábricas. Esto se parece mucho al franquismo, le digo. Él me habla de su amistad con Alexander Dubček, el presidente checoslovaco que lideró el fracasado intento de «socialismo con rostro humano». Después de la invasión soviética de 1968, lo destinaron a una montaña como guarda forestal.

Granada, marzo, 1986. El gobierno de Felipe González gana el referéndum sobre la permanencia de España en la OTAN. Siento de manera profunda la derrota en un proceso en el que me he implicado mucho como activista. No me duele la estrategia cínica de Felipe González, porque entonces ya tenía formada una opinión clara sobre su figura. Cuando el PSOE ganó las elecciones de 1982, la alegría de un gobierno socialista en España me consoló del desastre electoral del PCE. Yo había estado de interventor en un colegio y volví a la sede del Partido después del recuento con la tristeza de unos resultados miserables y la ilusión de que una organización de izquierdas llegase al poder. En 1986 sabía que Felipe González era un político deslumbrado por el dinero. Muchos de los defectos democráticos que se critican en la Transición española no se deben en realidad a la manera en la que se consiguió salir de la dictadura, sino a los gobiernos de Felipe González y a su forma neoliberal de entender la modernidad de España.

La tristeza de marzo de 1986 tiene poco que ver con el cinismo de Felipe González. Se debe al espectáculo de la realidad democrática. Si el socialismo real me había golpeado en la Praga de 1983, la democracia real me golpeó en el referéndum de la OTAN. La conciencia pacifista de un país en el que todavía pesaba la memoria de la Guerra Civil, la conciencia de la mayoría de una población que al principio del proceso se declaraba contraria a la permanencia de España en la OTAN, fue cambiada en pocas semanas a través de una manipulación mediática estricta y de miedos generados por el poder político y las élites económicas.

La democracia y el socialismo me condenaban a sentirme huérfano y a vivir una relación melancólica con mi conciencia y con la realidad. ¿Una melancolía optimista? Pasolini seguía ahí: «La muerte no consiste / en no poder comunicar / sino en ser ya para siempre incomprendido». Me acostumbré a vivir a destiempo las celebraciones y las quejas. *Las flores del frío* (1991) recogió la crisis de un deseo que se sabía incomprendido y condenado a doblar las banderas. Pero tardaron poco en saltar las alarmas. Renunciar a los sueños en la Europa de aquella época significaba caer en el hábito del cinismo y en los estribillos del todo da igual y nada tiene arreglo.

Por eso busqué mis sueños entre la vida de la gente y les pedí que volvieran a casa. Era verdad, ya no podíamos dormir en la misma cama. Ellos debían enfadarse con el humor de mis tentaciones cínicas y yo debía vigilar sus ingenuidades irritantes. Pero existía una posibilidad de convivir en *Habitaciones separadas* (1994).

7

Cualquier noche de viernes en la década de los noventa. El balcón de mi casa de Madrid da a la plaza de Barceló. El rumor de gente sube por las paredes de los edificios y se cuela por las ventanas como una extraña novedad. No se trata de una fiesta tradicional, ni de una manifestación política. El aire no se llena de consignas, gritos, protestas, himnos oficiales, bandas en procesión o banderas. Son jóvenes con litronas de alcohol barato que se reúnen para divertirse. Ésa es su tarea asignada: la diversión.

La juventud española no había podido divertirse hasta entonces sin mala conciencia. Su valor histórico había sufrido una sobrecarga de responsabilidad a lo largo de siglo y medio. Cuando fracasó la Primera República y los catedráticos progresistas fueron expulsados de la Universidad, Francisco Giner de los Ríos sintió la necesidad de fundar la Institución Libre de Enseñanza. El fracaso republicano no era consecuencia de una debilidad coyuntural. La falta de educación, la formación llena de prejuicios y el aire viciado de una sociedad acostumbrada al imperio de las impunidades parecían afectar por igual a liberales y conservadores. La posibilidad de un futuro distinto pasaba por el sueño pedagógico.

Apostar por la educación de una juventud diferente supuso cargarla de responsabilidades. La necesaria transformación del país unía la conciencia cívica al mandato biológico en un grado más alto de lo común. Esa sobrecarga ideológica pasó de Giner de los Ríos a Unamuno, de Unamuno a Ortega y Gasset y a Azaña, cayó después sobre los muchachos republicanos de la Generación del 27 y concluyó en las aulas universitarias del franquismo, en las que los católicos con inquietudes sociales acabaron dándoles la antorcha a los jóvenes militantes del Partido Comunista de España. Desde el punto de vista del pensamiento reaccionario, cada capítulo fue también experimentado por sus respectivos frentes de juventudes.

Ser joven en España fue durante años llevar en los hombros el peso de la historia. Se trataba de que por fin las cosas cambiasen, por un lado, o de intentar, por otro, que todo siguiese como siempre. El botellón apareció como el signo social de que esa fábula había concluido. A las plazas se iba a divertirse, una forma natural y sin compromisos de ocupar el espacio de lo público.

¿Y con qué se iban a comprometer los jóvenes? ¿Es que acaso existía el futuro como interpelación histórica? En España, el discurso oficial sobre la Transición afirmaba que todo había concluido a la perfección y que ya no éramos diferentes. Disfrutábamos de una democracia equiparable a las que se habían consolidado a lo largo del siglo xx en Europa. Y la ideología neoliberal que extendía sus enredaderas por el mundo defendía el fin de la historia como sentimiento, ya que no había alternativa ninguna de modernidad para el capitalismo avanzado. Las ruinas del Muro de Berlín habían santificado con su estruendo un presente sin necesidad o posibilidad de futuro. Así que se acababa un ciclo.

Por las plazas del botellón claro que pasaba la historia. La democracia, repito, no es un estado perfecto ni paralítico, y está llena de conflictos. La ideología neoliberal estaba creando desigualdades muy notables, rebajando los derechos conquistados y complicando el futuro laboral de la juventud. Tardaríamos pocos años en comprender la llegada de una novedad oscura a la historia europea: después de muchos años, los hijos estaban condenados a vivir peor que sus padres.

Un malestar insoportable volvió a llenar las plazas de política. Pero los botellones habían hecho borrón y cuenta nueva y los jóvenes no sintieron como suyo el antiguo relato social. De nuevo se juntaba el hambre con las ganas de comer. La mezquindad de las fuerzas políticas de izquierda, que por puro sectarismo habían evitado cualquier tipo de renovación, encontró la respuesta en una juventud adánica dispuesta a creerse la inventora universal del nuevo mundo. La política española vivía así la aceleración tecnológica de un mundo global en el que hasta los seres humanos nacen con fecha de caducidad.

Como recordé antes, Pasolini decía que el lugar más solitario del siglo XX era una plaza ocupada por la multitud. Es que no llegó a conocer la pantalla de un ordenador. Mis últimos libros de poemas han buscado la experiencia de carne y hueso de un muchacho del siglo XX convertido en alguien que camina hacia la vejez en la realidad virtual del siglo XXI. *La intimidad de la serpiente* (2003), *Vista cansada* (2008), *Un invierno propio* (2011), *Balada en la muerte de la poesía* (2016) y *A puerta cerrada* (2017) forzaron una respuesta poética al capitalismo tardío. Seguir escribiendo es para mí la manera de resistir.

Vivo la mutación de la historia que me ha tocado vivir en el espectáculo impune de unas mentiras que apenas se molestan en maquillarse. La globalización ha santificado una realidad de fronteras hirientes. El espectáculo del mundo invita más que nunca a la renuncia. Al principio de los años ochenta quise poner en duda las mentiras que hay dentro de la Verdad. Ahora, en la era de la posverdad, intento encauzar mi melancolía optimista en el esfuerzo de adivinar la verdad que hay dentro de las Mentiras. Sigo siendo el poeta educado en la sospecha, con necesidad de escuchar —esté donde esté— lo que ocurre al otro lado de las puertas. No estoy en posesión de nada, pero sospecho ahora que necesitamos una verdad, un compromiso de no engañarse, de no engañar. Todo es relato, todo es ficción, pero tampoco se puede olvidar que los lectores y los seres humanos viven las ficciones con un sentimiento de verdad, un sentimiento vivo en el que se sostienen los puentes colgantes entre el pasado, el presente y el futuro.

8

El tiempo no es una mercancía. Siento una vieja lealtad por las mañanas de frío. El aire parece más limpio, el mundo más ancho y la piel de la cara me responde como una materia inteligente. Se trata de uno de esos estados de la ciudad en los que me siento parte de la naturaleza. Supongo que vivo la sensación alegre del frío con el peso acogedor del recuerdo. El camino del colegio en los meses de invierno y las citas dominicales en la estación del tranvía para iniciar una excursión por la sierra me enseñaron a convivir de manera alegre con el frío. Granada es una ciudad del sur que vive bajo la nieve. Es una ciudad pensativa y rinde más con el frío.

Antes de subir a la Facultad, de acudir a mi trabajo, voy a darle un beso a mi padre, que tiene noventa y dos años y está enfermo. Cruzo el Puente Verde y los Jardinillos del Genil, un territorio que se me llena de bicicletas, travesuras, rodillas arañadas y juegos. Subo las escaleras de un vecindario lleno de fantasmas amables y entro en la casa. Allí están los viejos muebles, las huellas de un salón reservado para las visitas, la misma estantería en la que descubrí algunos libros decisivos. Allí están las cosas del pasado que no paran hoy de preguntarme por el porvenir. ¿Cómo nos organizamos mañana? La enfermedad es tristeza, pero también supone una inquietud práctica que ordena las horas del día y las preguntas sobre el tiempo. ¿Cómo has pasado la noche? Resistir es tomar conciencia de cada despertar, una curiosidad sobre el pasado, una afirmación del presente que esconde su interpelación sobre el futuro.

Mi madre, que ha cumplido los ochenta y un años, me pregunta si me he subido ya en el metro. Acaban de inaugurar en Granada una línea que cruza la ciudad de norte a sur, con trayectos subterráneos y tramos al aire libre. Mi padre y mi madre cuentan que hace unas semanas fueron con mi hermano Manolo a darse un paseo en el metro y descubrieron una nueva ciudad. Como tengo un poco de tiempo, decido ir a conocerlo. Si me bajo después en la estación de Renfe, tomo un taxi y en diez minutos estoy en la Facultad.

El paseo hasta mi infancia me ha puesto en contacto con el futuro. Resulta ahora inevitable que la búsqueda del futuro me devuelva al pasado. Para llegar a la estación de metro cruzo delante del colegio de los Padres Escolapios y de la Fundación Francisco Ayala. En cada paso del camino hay mil recuerdos que no son una galería de imágenes, sino un estado de ánimo. Y cuando entro en la estación de Alcázar Genil la realidad me ofrece un escenario perfecto para ese estado de ánimo, porque la obra pública más moderna, con sus dimensiones de cristal y sus escaleras mecánicas, se integra en los restos arqueológicos de una naumaquia almohade. Todavía hay algo más: la estación es obra del arquitecto Antonio Jiménez Torrecillas, un amigo que murió hace poco más de un año.

Llego a la Facultad con el tiempo justo para pasar por el despacho, recoger dos libros y bajarme a clase. Los alumnos me esperan desde su juventud para que hablemos de literatura. La necesidad de contar surge del deseo humano de que se conserven las historias que el olvido y la muerte condenan a la desaparición. Cuando alguien muere, desaparece un mundo lleno de visiones íntimas y escenas colectivas: una relación con el frío, el olor de una biblioteca, una memoria particular del amor y de las ilusiones.

Una modesta emancipación contra la muerte. Pero contar supone también el deseo de buscar interlocutor, de consolidar una comunidad, de mantener la alianza profunda entre los viejos y los jóvenes, entre las historias del pasado y los ojos que miran con inquietud el futuro. Los días con demasiada prisa, los seres humanos concebidos con fecha de caducidad, pretenden romper esa alianza. Los poemas y las novelas, les digo a mis alumnos, se niegan a la miserable mercantilización del tiempo.

La literatura como forma de resistencia

1

La tarea del poeta es ante todo un compromiso con el lenguaje. Por eso se suele afirmar que la patria de un poeta es el lenguaje. Lo que ocurre es que el lenguaje es una patria muy compleja, con una notable inclinación a la melancolía del orden o del desorden, según los vientos de la realidad. Todo acontecimiento público se convierte a la vez en un acto de intimidad murmurada. Así que en esta patria caben habitantes de muy diverso tipo: el individuo, la sociedad, el tiempo, la historia, la conciencia, la imaginación, la verdad y la mentira. Y esos habitantes, además, se subdividen a su vez en muchas posibilidades. Un individuo puede ser un autor, un lector o un personaje poético, cada uno con sus manías; y una verdad puede tener vocación de minúscula o de mayúscula, de experiencia personal o de dogma universal.

Por si faltaba algo, los recursos del oficio tienen su propia historia; y no es raro que en un oficio tan antiguo como el de la poesía las virtudes se conviertan en defectos y las imperfecciones en caminos nuevos para las horas de trabajo. El poeta Karmelo C. Iribarren utilizó como presentación de su poesía completa, *Seguro que esta historia te suena* (Renacimiento, 2015), una cita del novelista Raymond Chandler —bastante incómoda para los amantes del exceso retórico— como seguro de accidentes en el viaje lírico: «La frase con alambre de púas, la palabra laboriosamente rara, la afectación intelectual del estilo, son todos trucos divertidos, pero inútiles».

Comprometerse con el lenguaje significa en primer lugar establecer vínculos con un ámbito social. El lenguaje es un bien o un mal social, una comunidad en la que entramos, una forma de convivencia. La palabra que utilizamos para indagar en nuestro yo, para expresar o elaborar una opinión propia, pertenece a un lugar fundado por otros. Por mucho que las modas de la creatividad literaria reclamen originalidad, lo cierto es que todo trabajador de las palabras cultiva su labor en un lugar fundado por otros. Así que la actitud que observemos ante nuestras palabras implica una toma de postura frente a los demás. Resulta una estrategia infantil declarar el amor por el lenguaje para defender la pureza poética ante la sociedad. El lenguaje es social hasta el último rincón de sus sótanos.

La tarea de comprometerse con el lenguaje supone un deseo de dignificar sus matices, sus riquezas y sus posibilidades de diálogo. Este deseo tiene una alta relación con el espacio público. «Me crie entre palabras», afirmó Tony Judt, historiador inglés de la política y el pensamiento, para iniciar un capítulo de su libro *El refugio de la memoria* (Taurus, 2011). En este volumen autobiográfico, Judt recuerda las conversaciones que llenaban de palabras la mesa de la cocina en su casa familiar. El empobrecimiento paulatino del lenguaje en los medios de comunicación y en la vida cotidiana de la gente es un fenómeno que, según Judt, está relacionado con el predominio de una ideología que liquida las ilusiones y las responsabilidades colectivas. Los matices son importantes cuando hay algo en lo que ponerse de acuerdo, cuando hace falta comprender, explicarse, entenderse en un espacio común. El empobrecimiento social de lo común facilita un empobrecimiento inmediato del lenguaje. Las palabras que se caen de la mesa de la cocina por la abundancia de las conversaciones acaban en la escasez de un mensaje de teléfono.

Pero ¿qué entendemos por riqueza del lenguaje? Para que no se rían de nosotros Raymond Chandler y Karmelo C. Iribarren, muy proclives a emplear el humor pesimista contra la máquina de escribir de los poetas, deberemos evitar la confusión entre el patrimonio de los versos y las frases con alambre de púas. La riqueza a la que nos referimos es algo muy distinto al gusto por los decorados ornamentales. Tiene que ver, entre otras cosas, con el concepto del tiempo que habita el lenguaje. Las palabras empobrecidas son productos de desecho. Hay un concepto del tiempo que se adapta a la misma lógica de este consumo publicitario. Santifica el presente de un modo que lo expulsa de la dimensión histórica al borrar la memoria y al cancelar el futuro. Esta obsolescencia agota el instante en sí mismo, convierte el deseo en prisa y diluye los resultados del acto presente en un porvenir vacío.

Con su érase una vez y con sus amaneceres, con sus horizontes de perros nocturnos y sus travesías de puertos y tabernas, la literatura se opone a este concepto del tiempo. Un lector es un heredero, alguien que recibe una heredad y que convierte la experiencia del pasado en un campo de expectativas. A ese tipo de riqueza me refiero. El tiempo es literario cuando se sabe tan colectivo como el lenguaje. En esta historia el cliente no siempre tiene razón, ni tiene derecho a pedir el libro de reclamaciones cuando sus necesidades son separadas del autoritarismo publicitario de la palabra *ya*. La espera, el recuerdo, la experiencia compartida, el peso de los otros, los contagios crónicos y las implicaciones de la memoria y de la imaginación salvan al tiempo de la mediocridad. Aunque los manifiestos futuristas hayan rozado el filo cortante de las modas en algunas ocasiones, la poesía es un ejercicio contrario al consumo. La poesía tiene historia, sedimentos, lentitud y complicidades.

Como los dogmas suelen ser la prisa de las ideas, el compromiso con el lenguaje se transforma en un debate sobre el concepto de la verdad. Esto parece inevitable en cuanto se mete por medio el tiempo. La velocidad borra los matices, funda el mundo en realidades virtuales, en el titular de las agencias de prensa, y separa el conocimiento de la experiencia propia. Más allá del cuerpo y de la realidad, de la reflexión y de la sabiduría heredada, los mecanismos publicitarios del consumo establecen corrientes de opinión y energías enfocadas a homologar las conciencias. Los que no son partidarios de respetar el espacio de lo común están muy interesados en que todo el mundo piense de la misma manera. Lo común permite en su espacio el debate, el disentimiento y el diálogo. Frente a esa lógica que alienta las conciencias individuales, la sociedad instantánea, como un café o una sopa de sobre, tiende a la uniformidad, a la monotonía y a los usos del adoctrinamiento.

La prisa convierte la reflexión sobre el pasado en una nostalgia de orígenes, el grito de una identidad perfecta. Es un ayer sin historia y sin culpa. La homologación de las conciencias convierte las miradas sobre el presente en un sistema de repeticiones en el que los individuos hablan como loros, sin tiempo para pensar en lo que dicen y sin ser dueños de sus propias opiniones. La historia de la poesía es hoy una historia sin prisas y sin homologación. De esa forma procura defender la verdad, pero escribiéndola así, con minúscula. La Verdad de los dogmas religiosos, políticos, partidistas, raciales o estéticos no puede colocarse por encima de la conciencia individual que necesita sentir realmente lo que dice y lo que piensa. Albert Camus afirmó que el buen periodismo sabía distinguir entre el esfuerzo por no mentir y la soberbia de creerse en posesión de la razón. Como lector de poesía, me interesan los detalles más que la Verdad esencial. Un detalle y un matiz personalizan una mirada en un camino que se puede compartir. En este sentido, como hizo el crítico italiano Alfonso Berardinelli, podemos acudir también a «la inteligencia santa de Simone Weil»: «No se trata de *decir la verdad,* al no ser un objeto definible y preexistente al mensaje, sino de hablar y escribir *con el espíritu de la verdad,* es decir, teniéndola como meta».

Para que funcione el hecho poético es necesario que las palabras sean un lugar sagrado, pero en el que las verdades se escriban y se lean con las minúsculas del corazón individual.

La emoción, el equilibrio sentimental entre el mundo exterior e interior, surge cuando siento como verdad —como mi verdad— lo que escribo o lo que leo en un tiempo que no es de usar y tirar, sino que es parte de mí, de ese presente que sólo existe como negociación entre una experiencia del pasado y una imaginación del futuro que lleva mi nombre. Se trata de una forma libre de vivir en común.

Así que comprometerse con el lenguaje es una tarea compleja. Pero ése es el compromiso que le da sentido a la poesía y que permite la realidad del hecho poético. Más allá de los debates sobre estilos, generaciones, movimientos y propósitos, dependo como lector de aquellos poemas que me convencen, que me hacen sentir mi verdad en el mundo y que le devuelven al tiempo una dimensión alejada de la dinámica del consumo rápido. Mientras haya lectores convencidos por la emoción de un poema, habrá poesía.

Quiero situar mis consideraciones sobre la metáfora dentro de esta reflexión poética. Como parte decisiva del mundo lírico, la metáfora nos invita a tomar postura sobre el tiempo y casi nos obliga a definirnos sobre el sentido de nuestra tarea. ¿Qué camino y qué ilusión pesan en la huella que seremos por los caminos de la memoria y de las palabras?

Para no remontarnos a Aristóteles, pongámonos de acuerdo con la ayuda del joven Jorge Luis Borges. En un artículo de noviembre de 1921, «Apuntaciones críticas: la metáfora», publicado en la revista *Cosmópolis,* propuso esta definición sencilla: «Una identificación voluntaria de dos o más conceptos distintos, con la finalidad de emocionarnos». La definición es sencilla, pero el laberinto que nombra es complejo, porque al condensar ideas, sentidos y objetos tocamos la raíz de los procesos que convierten el mundo en palabras y las identidades particulares de las cosas en conceptos abstractos.

Encontrar palabras no es sólo comunicar, sino también crear miradas, paradigmas...; por ejemplo, paradigmas estéticos. Cuando don Quijote recordó, imaginó y pensó la mentida belleza de su señora Dulcinea resumió la lógica de muchas de las metáforas que han servido en la tradición poética para definir una idea del esplendor femenino:

> ... su patria, el Toboso, un lugar de la Mancha; su calidad por lo menos ha de ser de princesa, pues es reina y señora mía; su hermosura, sobrehumana, pues en ella se vienen a hacer verdaderos todos los imposibles y quiméricos atributos de belleza que los poetas dan a sus damas: que sus cabellos son oro, su frente campos elíseos, sus cejas arcos del cielo, sus ojos soles, sus mejillas rosas, sus labios corales, perlas sus dientes, alabastro su cuello, mármol su pecho, marfil sus manos, su blancura nieve, y las partes que a la vista humana encubrió la honestidad son tales, según yo pienso y entiendo, que sólo la discreta consideración puede encarecerlas, y no compararlas.

Los poetas trabajan con los imposibles y quiméricos atributos de la belleza. La ficción moderna inventada por Cervantes consiste precisamente en saber distinguir el mundo de las imaginaciones y el de la realidad. La locura del Quijote vive a destiempo una confusión propia de las sociedades sagradas: la falta de distancia entre el milagro y la experiencia real. Por eso el ingenioso hidalgo actúa como si fuese un caballero medieval en la España del siglo XVI y en el mundo moderno de las razones de Estado. Nos conmueve el drama vivo de sus ideales muertos, la trampa de confundir verdades con supersticiones. Sobre ese drama volveré luego para situar el conflicto de la metáfora en el mundo contemporáneo.

Sí, los poetas trabajan con los imposibles y quiméricos atributos de la belleza. Después la gente los hace parte de su educación sentimental, los vive como el único mundo real y posible. María Grever convirtió en bolero las ensoñaciones de don Quijote con las manos de marfil de su «Muñequita linda», bailada tantas veces con los pies en la tierra:

> Muñequita linda
> de cabellos de oro
> de dientes de perla
> labios de rubí.
> Dime si me quieres
> como yo te adoro
> si de mí te acuerdas
> como yo de ti.

Desde su artículo inicial en *Cosmópolis* hasta las meditaciones reunidas en *Siete noches* (1980), Borges se interesó de manera particular por la metáfora. Por eso es interesante ver en ella y en las consideraciones que provoca un camino de maduración para el escritor. En el capítulo «Después de las imágenes» de *Inquisiciones* (1925) recordó el espíritu de juventud que invitaba a «ejecutivas audacias» para quebrar a través de la metáfora la doble rigidez que tienen las cosas en el mundo por culpa de los creyentes religiosos y de los positivistas. Fue la época del creacionismo de Vicente Huidobro y del ultraísmo de Guillermo de Torre.

El maestro Cansinos Assens definía el crepúsculo así: «La luna sube en su ascensor. / Y el gran brasero de los pobres / se vuelca en el paisaje». Gerardo Diego negociaba con el paso del tiempo y el olvido: «En las aguas del piano / se ha ahogado aquel recuerdo / sin dejar rastro ni de sus cabellos». Rafael Alberti consolaba a la luna, castigada por romper con sus cambios de ánimo la matemática armoniosa del universo, ahora creciente, ahora menguante: «Han castigado a la luna / porque nunca se sabe / la lección de Aritmética». García Lorca, para saludar el llanto de las guitarras, identificaba el rojo del vino tinto con la salida del sol: «Se rompen las copas / de la madrugada». Y el propio Borges situaba de esta forma su estado de ánimo: «Amanecen temblando las guitarras / mi alma pájaro oscuro ante su cielo».

La voluntad metafórica de convertir un objeto o una situación en un concepto fue diagnosticada por Ortega y Gasset en dos textos de repercusión inmediata: «Ensayo de estética a manera de prólogo», publicado en 1914 como introducción al libro *El pasajero* de José Moreno Villa, y *La deshumanización del arte* (1925). Los poetas asumían el reto de Nietzsche: «Es muy fácil pensar las cosas; pero es muy difícil serlas». Ortega advirtió que «la verdadera intimidad que es algo en cuanto ejecutándose, está a igual distancia de la imagen de lo externo como de lo interno». La distancia se debe a que somos una perspectiva, un simple punto de vista hasta cuando pensamos en nosotros mismos. La tarea de salvar esa distancia corresponde a la audacia ejecutiva de las metáforas porque borran las identidades concretas de un caso particular y limitado para crear un concepto de valor universal. El reflejo personal y pegajoso del espejo, que nos devuelve a nuestra realidad, se transforma en transparencia conceptual.

Así explica Ortega el juego de las metáforas:

> El mecanismo, pues, acaso sea el siguiente: se trata de formar un nuevo objeto que llamaremos el *ciprés bello* en oposición al ciprés real. Para alcanzarlo es preciso someter éste a dos operaciones: la primera consiste en libertarnos del ciprés como realidad visual y física, en aniquilar el ciprés real; la segunda consiste en dotarlo de esa nueva cualidad delicadísima que le presta el carácter de belleza. Para conseguir lo primero buscamos otra cosa con quien el ciprés posea una semejanza real en algún punto, para ambos sin importancia. Apoyándonos en esta identidad inesencial afirmamos su identidad absoluta. Esto es absurdo, es imposible. Unidos por una coincidencia, en algo insignificante, los restos de ambas imágenes se resisten a la compenetración, repeliéndose mutuamente. De suerte que la semejanza real sirve en rigor para acentuar la desemejanza real entre ambas cosas. Donde la identificación real se verifica no hay metáfora. En ésta vive la conciencia clara de la no-identidad.

O para exponerlo con palabras de Borges, sacadas de las conferencias que pronunció en Harvard en el curso 1967-1968 y recogidas en *Arte poética* (2001): «Yo diría que lo importante a propósito de la metáfora es el hecho de que el lector o el oyente la perciban como metáfora». No hay duda de que el lector, por ejemplo, recibe como metáfora continuada este soneto de Gerardo Diego dedicado a «El ciprés de Silos»:

> Enhiesto surtidor de sombra y sueño
> que acongojas el cielo con tu lanza.
> Chorro que a las estrellas casi alcanza
> devanado a sí mismo en loco empeño.
>
> Mástil de soledad, prodigio isleño;
> flecha de fe, saeta de esperanza.
> Hoy llegó a ti, riberas del Arlanza,
> peregrina al azar, mi alma sin dueño.
>
> Cuando te vi, señero, dulce, firme,
> qué ansiedades sentí de diluirme
> y ascender como tú, vuelto en cristales,
>
> como tú, negra torre de arduos filos,
> ejemplo de delirios verticales,
> mudo ciprés en el fervor de Silos.

Parece que Gerardo Diego, cuando pasó la noche del 4 de julio de 1924 en la hospedería del monasterio de Silos, sintió la necesidad de asumir el reto de las explicaciones de Ortega y Gasset sobre la metáfora y la creación artística. Su maestro Vicente Huidobro, además, le había enseñado a no copiar, no imitar, no aceptar servilismo ante la naturaleza, asumiendo la tarea de crear un mundo artístico paralelo, una realidad estética en la que diluirse. La forma clásica del soneto, enriquecida con las metáforas creacionistas, fijaba en este caso la geografía bien dibujada de lo poético.

La pintura de vanguardia también se empeñó en demostrar que su materia no se identificaba con la realidad. Pero en el artículo «Después de las imágenes», y en otro recogido también en *Inquisiciones,* «Examen de metáforas», Borges daba ya muestras de que poco a poco se había ido cansando de las audacias ejecutivas, de los diagnósticos de Ortega y del creacionismo de Huidobro. Por entonces le daba que pensar la carencia de metáforas llamativas en el arte popular, casi llevándole la contraria en sus preocupaciones a García Lorca y a su esfuerzo en la conferencia sobre el cante jondo de 1922 para unir la expresividad primitiva andaluza con la nueva poesía de vanguardia. «Yo afirmo —escribe Borges— la infrecuencia de metáforas en las coplas anónimas. Lo pruebo con los ocho mil cantares que recogió Rodríguez Marín y publicó en Sevilla en el ochenta y tres».

Inició así una puesta en duda de la estética metafórica de la vanguardia, preocupado por una meditación distinta sobre el tiempo, y ya en el ensayo «La metáfora» de *Historia de la eternidad* (1936) hizo un comentario sobre la poesía tradicional de Islandia que bien podía aplicarse a las audacias ejecutivas de su juventud: «Entretejidas en el verso y llevadas por él, estas metáforas deparan (o depararon) un asombro agradable; luego sentimos que no hay una emoción que las justifique y las juzgamos laboriosas e inútiles. He comprobado que igual cosa ocurre con las figuras del simbolismo y del marinismo».

Su mundo literario camina entonces hacia un concepto del arte que tenía más que ver con la «verde eternidad» que con los prodigios. Será el mundo que resuma luego en el «Arte poética» de *El hacedor* (1960). La poesía, «inmortal y pobre», surge de esta dinámica:

> A veces en las tardes una cara
> Nos mira desde el fondo de un espejo;
> El arte debe ser como ese espejo
> Que nos revela nuestra propia cara.

> Cuentan que Ulises, harto de prodigios,
> Lloró de amor al divisar su Ítaca
> Verde y humilde. El arte es esa Ítaca
> De verde eternidad, no de prodigios.

Se rechaza el prodigio, se prefiere un mundo que cuenta, que nos cuenta, que nos revela nuestro propio rostro. Más que el hallazgo audaz, Borges elige recordar una y otra vez, en una variación infinita, unas cuantas metáforas que son constantes, un patrimonio de la cultura: el tiempo como río, las estrellas como ojos del universo o la vida y la muerte como sueño. En el arte, además, hay un volver a casa, un reencontrarse, una experiencia de hospitalidad. En las conferencias de Harvard se refirió a la puerta abierta de la sugerencia como un acto de hospitalidad: «Cuando algo sólo es dicho o —mejor todavía— sugerido, nuestra imaginación lo acoge con una especie de hospitalidad». De ahí la relevancia que le da a la figura del lector, figura tan importante como la del autor para hacer posible que suceda el hecho poético. No se trata de descubrir, sino de recordar algo olvidado, y en ese sentido es imprescindible la participación del lector. Como nos recordó en *Siete noches* (1980), «la poesía es el encuentro del lector con el libro». Por eso debemos siempre tomarnos en serio este consejo borgiano: «Creo que la poesía es algo que se siente, y si ustedes no sienten la poesía, si no tienen sentimiento de belleza, si un relato no los lleva al deseo de saber qué ocurrió después, el autor no ha escrito para ustedes. Déjenlo de lado, que la literatura es bastante rica para ofrecerles algún autor digno de su atención, o indigno hoy de su atención y que leerán mañana».

La poesía es hospitalaria porque el autor debe crear las condiciones para que sea habitada por el lector. Es necesario que el autor esté, pero también lo es que se borre lo suficiente, que se haga sugerencia, que calle lo que debe callarse, como el recatado don Quijote al describir con metáforas ciertas partes del cuerpo de Dulcinea. En esa borradura se crea el hueco para que el lector habite el poema con su propia experiencia. Las palabras posibilitan un espacio compartido.

La dimensión narrativa del tiempo poético —«cuentan que Ulises, harto de prodigios...»— es lo contrario del tiempo de usar y tirar propio de las sociedades consumistas. Y el regreso a casa, al propio rostro, a la carne propia, es lo contrario del mundo de realidades virtuales que se insinuó con las naturalezas paralelas pintadas o cantadas por la vanguardia y que ha extendido, hasta convertirlo en el orden de nuestro tiempo, el poder de la tecnología. El mundo, al mezclar realidad con milagro, vuelve a ser superstición, una nueva superstición. La sustitución de una realidad por otra que se fabrica y se extiende de manera continuada define en el final del siglo XX y en el principio del XXI la lógica de la metáfora que somos como seres humanos y como habitantes del mundo.

Lo apunté antes, los pilotos norteamericanos que bombardearon Bagdad declaraban con una alegría infantil que sus ejercicios se parecían a un videojuego y que los efectos de sus ataques creaban enormes fuegos artificiales en un cielo nocturno de verbena. La mentira no tiene sólo aspecto de rumor o noticia falsa (armas químicas que no existen, asesinato de niños en las incubadoras, destrucción ecológica del golfo Pérsico), sino que además consiste en sustituir el dolor de carne y hueso de las víctimas por una realidad virtual sin sangre. La noche de los primeros bombardeos, mientras llegaban los comentarios de los pilotos, recordé el poema «Cero», de Pedro Salinas, escrito durante la destrucción de las ciudades en la Segunda Guerra Mundial y recogido en el libro *Todo más claro* (1949). El piloto que aprieta el botón no ve seres humanos, patrimonios culturales, calles donde se cumple la vida cotidiana. Actúa sobre una abstracción, una versión conceptual del mundo:

Y a un mapa distante ¿quién
le tiene lástima? Lástima

> da una pompa de jabón
> irisada, que se quiebra;
> o en la arena de la playa
> un crujido, un caracol
> roto
> sin querer, con la pisada.
> Pero esa altura tan alta
> que ya no la quieren pájaros,
> le ciega al querer su causa
> con mil aires transparentes.

El mundo de la no identidad o de la identidad conceptual absoluta acaba excluyendo la realidad de carne y hueso. Dicho con el lenguaje de mis preocupaciones poéticas, cancela la experiencia histórica de los seres humanos. Frente a los paradigmas de la publicidad, las mediaciones virtuales y la homologación de las conciencias, me gusta pensar la poesía como un ejercicio de conocimiento que nos permite descubrir nuestro propio rostro en el espejo y responder no al reflejo del espejo, sino al rostro que se pone delante de él y se hace dueño de sus opiniones y sentimientos. Si la metáfora es un puente de ida para pasar de la identidad de un objeto a un concepto, puede ser también un puente de vuelta para recuperar la identidad de una experiencia histórica en la época de las fabricaciones virtuales de la tecnología.

Respeto el deseo de la poesía que no renuncia a la realidad y que utiliza las palabras para sentir y para preguntarse sobre el sentido del mundo. Como estudió el profesor Joan Oleza en *Trazas y bazas de la modernidad,* libro publicado en 2012 en Ediciones del Lado de Acá, en La Plata, existe una tradición negativa de la modernidad que canceló la tradición realista y construyó como única alternativa el simulacro de un ámbito estético. Las metáforas audaces de la vanguardia se movieron como peces en el agua de esa tradición. Ahora que vivimos mediatizados por las realidades virtuales, la tarea de recuperar el realismo —que no es pobreza ni renuncia a la imaginación— supone la toma de conciencia de las implicaciones de la palabra con la historia, con el tiempo narrativo que convierte a los seres humanos en herederos de una experiencia colectiva.

No se trata de negar la sociedad de la comunicación y la tecnología que vivimos ahora, sino de buscar una respuesta posible. Lo escribe así Joan Oleza:

> ... la autoexigencia de seguir postulando la historia para poder transformarla, el rescate de la pasión narratoria y de las representaciones de gran densidad argumental, la experimentación de una subjetividad postmoderna, basada por un lado en la conciencia de un sujeto descentrado, desyoizado, apto para una cultura de sentimentalidad ampliamente compartida, y por el otro de un sujeto que ha perdido su universalidad, su arrogante centralismo, y que se sabe sujeto de diferencias, sujeto relativo, sujeto hombre o mujer, blanco o negro, del primer o del tercer mundo, del centro o de la periferia. Una lectura que apuesta, por último, por una socialización del disfrute estético, por la simbiosis de arte y vida cotidiana, por la democratización misma de la belleza.

Antes hablé de las verdades con minúscula, porque me interesa oponerlas a las mayúsculas en el territorio de las identidades. La dinámica de la globalización ha extendido dos posturas extremas: por un lado, la recuperación de identidades fuertes o fundamentales frente al sentimiento de homologación; por otro, la simple negación del concepto de identidad con el apoyo de los valores abstractos. Pero los valores abstractos no existen si no se encarnan en el tejido de una identidad. La falta de solidaridad y compasión que articula hoy el egoísmo social se alimenta de la inexistencia de las responsabilidades en la comunidad. Los valores se pierden allí donde sólo se vive el anonimato del vacío. Por eso es esencial tomarse en serio la experiencia histórica y librar la batalla en la modestia de identidades que no quieran presentarse como creencias en posesión de la verdad, sino como la búsqueda de una verdad que no acepta consignas patrióticas, religiosas, raciales o partidistas por encima de una conciencia propia.

Todo esto es cuestión de metáforas y de palabras. La historia más que el prodigio, la dimensión narrativa más que la audacia ejecutiva del instante, la utilización propia de las palabras y las metáforas de todos más que la invención de un idioma convertido en jerga de poetas: una musa que no lleva túnica, ni esconde el desnudo de las señoritas de Avignon, sino que sale a la calle vestida con vaqueros. No quiero acabar esta reflexión con un manifiesto, sino con dos poemas. Tengo una edad más propicia ya para los recuentos que para las promesas. Es también una manera de decir que las palabras no responden a un programa, sino a una necesidad.

El primero se titula «Garcilaso 1991». Lo escribí una noche en la que preparaba unas clases sobre Garcilaso de la Vega para mis alumnos de la Universidad. Eran los tiempos de los primeros bombardeos sobre Bagdad, una de las ciudades de la literatura. La historia de amor de Garcilaso se hizo vida en el lector que era yo, la dama de la corte de Carlos V se hizo una mujer vestida con vaqueros, al mismo tiempo que la realidad virtual de las llamas televisadas se hacía dolor real. Las palabras regresaban a su casa:

Garcilaso 1991

Mi alma os ha cortado a su medida,
dice ahora el poema,
con palabras que fueron escritas en un tiempo
de amores cortesanos.
Y en esta habitación del siglo xx,
muy a finales ya,
preparando la clase de mañana,
regresan las palabras sin rumor de caballos,

sin vestidos de corte,
sin palacios.
Junto a Bagdad herido por el fuego,
mi alma te ha cortado a su medida.

Todo cesa de pronto y te imagino
en la ciudad, tu coche, tus vaqueros,
la ley de tus edades,
y tengo miedo de quererte en falso,
porque no sé vivir sino en la apuesta,
abrasado por llamas que arden sin quemarnos
y que son realidad,
aunque los ojos miren la distancia
en los televisores.

A través de los siglos,
saltando por encima de todas las catástrofes,
por encima de títulos y fechas,
las palabras retornan al mundo de los vivos,
preguntan por su casa.

Ya sé que no es eterna la poesía,
pero sabe cambiar junto a nosotros,
aparecer vestida con vaqueros,
apoyarse en el hombre que se inventa un amor
y que sufre de amor
cuando está solo.

El verbo *inventar* está elegido a conciencia, porque la reivindicación del realismo no es aquí una renuncia a la ficción, sino todo lo contrario: una estrategia de ficción, un modo de no olvidar los límites entre la ficción y la realidad sin renunciar por ello al mestizaje con la vida. Me gustan las metáforas del paseante, aquellas miradas que no sirven para llevarnos a otras esferas, sino para comprender el significado del tiempo que vivimos.

El segundo poema es una definición de la palabra *noche*. Reconozco, con Borges, que esa palabra fue llenándose de contenido en la larga historia de los seres humanos, en la sucesión de vidas y de imaginaciones, en una realidad de todos vivida siempre en primera persona. El presente de la poesía es una herencia o un recuerdo, y esta melancolía lírica es la única estrategia que me permite mirar el porvenir con optimismo:

La noche

> Ahora la sentimos inagotable
> como un antiguo vino
> y nadie puede contemplarla sin vértigo
> y el tiempo la ha cargado de eternidad.
> Jorge Luis Borges

Con sus conspiraciones,
con los sueños que nunca se recuerdan
y con los recordados,
con el insomnio de las cañerías,
con la inquietud que tiembla un segundo después
del aullido de un lobo
o el aviso alarmado de los perros,
con la sombra que cruza por el jardín vacío,
con la luna maldita, con el amor, los hombres
levantaron la noche.

Con las ventanas de los rascacielos,
con la oración del monje,
con la ropa cansada de la puta,
con la orquesta de jazz en aquel sótano
de la ciudad dormida,
con el postigo en la tormenta,
con los versos de Borges
y con las confesiones del borracho,

con la luna de junio, con el odio,
levantaron la noche.

Y también con la Estrella Polar sobre los barcos,
con las meditaciones del filósofo,
con las tribus sentadas a la hoguera,
con la perversidad del confidente,
y con el tiempo detenido
en el primer abrazo, en las primeras lágrimas,
en los primeros nombres del interrogatorio,
con la luz amarilla,
con el silencio de los hospitales,
levantaron la noche.

También con tu desnudo. Esta definitiva
perfección de la noche en tu desnudo
me confirma la frágil certeza del destino,
pues toda la intención del universo
fue llamarnos aquí.
En una noche blanca están todas las noches
y el tiempo inevitable ha sucedido
para dejar tu sueño en esta cama
y para que yo vea en tus ojos el fuego
de una noche infinita.

2

Cuando se trata de valorar novedades, la historia de la poesía invita a la precaución antes que al aplauso entusiasta o las negaciones radicales. Esta precaución es necesaria sobre todo cuando resulta obligado analizar no un libro nuevo, sino un tiempo nuevo para la creación. Hay muchos ejemplos de novedades que surgieron con una soberbia poco piadosa y que después desaparecieron en el desván inagotable de los juguetes rotos. Hay también propuestas que merecieron la descalificación de las poéticas respetadas, desde los endecasílabos de Garcilaso hasta los suspirillos germánicos de Bécquer, y que después han formado parte vertebradora de la historia de nuestra poesía.

Así que no se trata, según el provechoso consejo de Spinoza, de lamentar, o reír, o despreciar, sino de comprender. Y la comprensión en la historia literaria tiene que ver, como en cualquier historia, con la capacidad de entender lo que hay de nuevo dentro de las cosas de siempre o lo que hay de antiguo en las novedades. Esta perspectiva invita a meditaciones no sólo precavidas sino complejas, porque en los diálogos del tiempo a veces la innovación no inventa tesoros de la nada, sino que procura dar respuestas actuales a cuestiones heredadas en la dinámica de una ética o una tradición. El reto de la creación es una toma de postura en un conflicto en el que no marcan el paso las discusiones abstractas, sino los sentimientos de verdad. De ahí su auténtica dimensión ideológica.

La poesía se mantiene en pie desde hace siglos y se niega a convertirse en el resto arqueológico de una cultura desaparecida. Vive pegada a la piel de la realidad y sus imaginaciones. Además de historia es vida cotidiana, sueño íntimo, conversación callejera, amor, odio, palabra susurrada, declaración altiva, olor a lluvia, a tierra mojada, respuesta a las contradicciones de la convivencia o de la soledad. La historia se hace vida en la poesía, supera la narración oficial de los acontecimientos para mezclarse con el tejido diario de la existencia. Por eso la poesía está llamada a la transformación, a renacer sin morir; es flexible a un constante debate fundado en lo que Pierre Bourdieu llamó, en su libro *La miseria del mundo* (Akal, 1999), «el orden de las sucesiones» o «las contradicciones de la herencia». La contraposición, sin que sea posible un compromiso falso o superficial entre diferentes puntos de vista, toma cuerpo cuando las perspectivas dependen del tiempo, cuando la historia necesita afirmarse en una verdad vital y humana. Éste es el terreno de juego de la poesía.

La poesía contemporánea está acostumbrada a tomarse en serio a la juventud. Sirva de ejemplo la respuesta que Antonio Machado escribió para la pregunta que propuso *La Gaceta Literaria:* «¿Cómo ven la nueva juventud española?». El poeta inició así su carta dirigida al director, Ernesto Giménez Caballero: «¿Me pregunta usted, dilecto amigo, qué es lo que pienso de la actual juventud literaria? Le contestaré muy gustoso. Pienso lo mejor que se puede pensar de ella: que es realmente joven. Hay algo verdaderamente juvenil en esa juventud literaria». Era el año 1929 y el poeta pertenecía a una tradición pedagógica que había sobrecargado de valor el concepto de juventud. Como discípulo de Francisco Giner de los Ríos, soñaba con una juventud bien educada, innovadora, capaz de transformar la realidad mentirosa de la Restauración.

Afirmar que la juventud era verdaderamente joven suponía un reconocimiento necesario, un elogio generoso antes de pasar a las dudas. Machado reconoció el diálogo generacional de los poetas del 27 porque habían superado las rupturas tajantes y superficiales del espíritu juvenil de la primera vanguardia. Luego aplaudió la formación europea de los nuevos poetas, pero dejó una sospecha en el aire sobre las consecuencias de su posible separación de la realidad española y sobre los peligros de una falta de personalidad provocada por las tendencias objetivistas de la nueva cultura dominante.

Y es que la literatura española también aprendió pronto a dudar del vitalismo juvenil. Sirva de ejemplo ahora un artículo de Francisco Ayala, uno de los prosistas más granados de la vanguardia española, «Anotaciones en el margen del calendario», que se publicó en *La Gaceta Literaria,* en 1931. Después de evocar el prestigio de lo juvenil en los años veinte, la fascinación por un mundo nuevo que hacía interesantes hasta los crímenes, tomó conciencia de la vuelta a la tristeza, según expresión de Salazar Chapela, en un mundo que se ponía serio de repente. «Toda una promoción literaria —escribió Ayala en tono autobiográfico— ha encontrado, de pronto, su adultez. Ha tirado los juguetes, y ahora se siente desconcertada porque, en cierto modo, había hecho profesión de la edad infantil».

En ese desconcierto que puso en duda el vitalismo juvenil no sólo estaba presente la toma de conciencia adulta de la vocación literaria, sino la deriva poderosa del activismo juvenil hacia el nazismo, un fenómeno que Ayala había observado con atención en Alemania. Una parte del vitalismo español desembocaría poco después en la Falange y en el Frente de Juventudes.

De manera que en el diálogo de la literatura, la vida, la sociedad y la historia parece sensato tomar precauciones para no caer en la superstición de lo nuevo ni en un academicismo acomodado a la parálisis. Por lo que se refiere a la juventud española actual, resulta obligado tomarse en serio su lugar político y su cotidianidad tecnológica a la hora de entender la educación sentimental que sostiene el horizonte de las diversas apuestas poéticas.

Con la llegada de la democracia española, al final de los años ochenta y en los noventa, se vivió en España una particular versión del fin de la historia. La sobrecarga ideológica que había padecido el concepto de juventud pareció suavizarse. Conseguida por fin la democracia, los jóvenes ya no eran los responsables de transformar el país según la épica del republicanismo y el antifranquismo, sino que podían integrarse de un modo natural en el capitalismo avanzado europeo y dedicarse, como correspondía a su edad, a una diversión sin mala conciencia.

Esa alegría del fin de la historia, ya lo he apuntado, chocó con la realidad de una democracia imperfecta en la que el neoliberalismo empezó a limitar derechos sociales. La crisis económica mundial agravó el proceso cuando las élites económicas españolas, nostálgicas de los privilegios franquistas, aprovecharon la situación general para recuperar su prepotencia frente al Estado y los equilibrios sociales más justos.

Que la juventud no iba a caer en la trampa del final de la historia se demostró con reacciones sociales como el 15M, protagonizadas por jóvenes que veían muy negro su futuro laboral y que estaban padeciendo la integración en el capitalismo europeo como una nueva forma de emigración y precariedad. Me gusta pensar que el protagonismo de la poesía como forma literaria para la juventud tiene entre sus razones una encarnación íntima de esta rebeldía. En épocas de nuestra historia en las que los jóvenes necesitaron reaccionar frente a las mentiras oficiales (el espíritu republicano y la Generación del 27, el antifranquismo y la poesía social, la transición democrática y la otra sentimentalidad), la palabra del poeta adquirió una importancia nutritiva.

En la dinámica de cambios importantes deben tenerse también muy en cuenta la educación o mala educación en las redes sociales y el predominio tecnológico. Una dinámica tan descomunal en su multiplicación afecta a todas las generaciones vivas. De hecho, las redes sociales se han convertido en un asilo para viejas organizaciones y sueños del pasado que se resisten a la desaparición con mensajes emocionados al calor de los funerales y las efemérides nostálgicas. Pero no cabe duda de que es mucho más profundo el impacto de esta nueva dinámica tecnológica en la generación que ha nacido con ella.

Por utilizar un estribillo muy necesario cada vez que pensamos en la literatura joven, diré que el impacto tecnológico no es un fenómeno nuevo. Rosa Chacel consideraba la «Carta abierta» de Rafael Alberti, poema perteneciente a *Cal y canto* (1929), como un manifiesto generacional:

> Yo nací —¡respetadme!— con el cine.
> Bajo una red de cables y de aviones.
> Cuando abolidas fueron las carrozas
> de los reyes y al auto subió el Papa.

Por consideraciones que tienen que ver con la experiencia tecnológica de la que hablaré después, me interesa recordar aquí un poema de Pedro Salinas, publicado en *Seguro azar* (1929), «Far West», en el que se habla también del cine. La protagonista femenina, como ocurre en algunos cuentos vanguardistas de Ayala, propone una hermosura que condena a la insatisfacción, al ser una imagen sin raíz, puro viento alejado de la realidad de carne y hueso. Cara y cruz de la nueva experiencia tecnológica:

> Sí, lo veo.
> Y nada más que lo veo.
> Ese viento
> está al otro lado, está
> en una tarde distante
> de tierras que no pisé.
> Agitando está unos ramos
> sin dónde,
> está besando unos labios
> sin quién.

El cine se convertirá en una referencia imprescindible en la literatura española de posguerra. Pero habrá que esperar a que el acontecimiento cinematográfico se naturalice, se vista con ropa de calle, para que las contradicciones de su irrupción tecnológica dejen de ser una discusión teórica y pasen a crear experiencia en la vida cotidiana. La tecnología provoca sentimientos, incluso su reverso, la falta de innovación tecnológica, cuando el poeta toma conciencia de estar viviendo en un país separado del progreso por culpa del anacronismo de las élites sociales. También tienen su cara y su cruz estos versos de Jaime Gil de Biedma, pertenecientes a «Infancia y confesiones», poema de *Compañeros de viaje* (1959). Suponen un homenaje al «Retrato» de Antonio Machado y al poema de Alberti citado anteriormente, evocaciones históricas que permiten una mirada a su propia realidad:

> Mi infancia eran recuerdos de una casa
> con escuela y despensa y llave en el ropero,
> de cuando las familias
> acomodadas,
>   como su nombre indica,
> veraneaban infinitamente
> en Villa Estefanía o en La Torre
> del Mirador
>   y más allá continuaba el mundo
> con senderos de grava y cenadores
> rústicos, decorado de hortensias pomposas,
> todo ligeramente egoísta y caduco.
> Yo nací (perdonadme)
> en la edad de la pérgola y el tenis.

Son ejemplos de cómo la tecnología —con su impacto en la realidad y sus contradicciones— deja huellas poéticas en la educación sentimental, incluso cuando permanece ausente en una sociedad paralizada y desconectada del mundo. Así que debemos cuestionarnos desde diversos puntos de vista por el impacto de la tecnología en las costumbres que sostienen los nuevos comportamientos poéticos. Como ocurre en cualquier meditación compleja, no se trata de descalificar o aplaudir, sino de comprender y de aceptar el conflicto.

Después del prestigio de las redes sociales e internet en una sociedad de predominio tecnológico, después del optimismo con el que se celebraba su irrupción, han llegado también las sospechas y los análisis más cautos. Ya no prevalece en las reflexiones la alegría tecnológica de Howard Rheingold, que celebraba sin apenas dudas los beneficios progresistas de *La comunidad virtual* (Gedisa, 1996). En un libro posterior, *Multitudes inteligentes. La próxima revolución social* (Gedisa, 2004), defendió incluso que la era digital podía solucionar las viejas heridas de las multitudes, sus anonimatos y su falta de articulación sentimental e intelectual, males que habían denunciado poetas como Poe, Baudelaire y García Lorca. Rheingold saludó a una comunidad de internet capaz de debilitar gobiernos y de reorganizar la vida económica, como una verdadera revolución:

> Las multitudes inteligentes están formadas por personas capaces de actuar conjuntamente aunque no se conozcan. Los miembros de estos grupos cooperan de modos inconcebibles en otras épocas porque emplean sistemas informáticos y de telecomunicaciones muy novedosos que les permiten conectarse con otros sistemas del entorno, así como con los teléfonos de otras personas. Los microprocesadores, hoy baratísimos, integrados en casi todos los objetos, desde las tapas de las cajas hasta los zapatos, penetran poco a poco en los muebles, edificios, barrios y diversos productos, convirtiéndose así en auténticos artilugios inteligentes de intercomunicación.

Este optimismo fue cuestionado por filósofos como Alain Badiou. Su libro *El despertar de la historia* (Clave Intelectual, 2012) no carece de un optimismo ingenuo a la hora de pensar el significado de las revueltas populares que se produjeron en los primeros años del siglo XXI, pero sus observaciones veían en la realidad motivos serios para poner en duda los cambios celebrados por la superstición tecnológica. Interesado en rebatir la ilusión de Toni Negri, pensador dispuesto a defender la cercanía de un comunismo nacido de las mutaciones tecnológicas del capitalismo, Badiou avisó contra la trampa de pensar que hay que abandonarse a la carrera de las novedades «so pena de ruina o de muerte». Bajo el disfraz del futuro, advirtió el filósofo francés al estudiar las reglas sociales y económicas de la globalización, «nos encontramos con la tentativa histórica de una regresión sin precedentes que aspira a que el desarrollo del capitalismo globalizado y la acción de los políticos se adecúen a sus normas de nacimiento, al liberalismo de mediados del siglo XIX». Un gran retroceso bajo la máscara de la novedad.

César Rendueles, por su parte, en el citado ensayo *Sociofobia,* también mostró su inquietud al observar cómo la pretendida comunidad digital y el ciberfetichismo estaban sirviendo para degradar el valor de palabras como *vínculo, compromiso* y *amistad* y para provocar una puerilización del pensamiento. Y nos invitó de manera brillante a repensar la permanencia de los viejos debates escondidos en las fórmulas nuevas.

¿Qué lugar ocupa ahora la poesía en todos estos procesos? Porque es una realidad que la poesía está de moda y que hay jóvenes poetas, muchachos y muchachas muy jóvenes que reúnen numerosos admiradores entre las personas de su generación, que son muy seguidos en sus redes y que alcanzan ventas inusuales en la poesía cuando publican sus libros. Antes de pasar a un análisis algo más detallado, podemos celebrar que la poesía humanice el mundo frío de la tecnología y que por internet naveguen poemas de autores consagrados. Si la tecnología se convierte en vida cotidiana, tiene que llenarse de sentimientos. La socióloga Belén Barreiro ha estudiado en *La sociedad que seremos* (Planeta, 2017) que el alejamiento paulatino del ámbito rural y la convivencia diaria con la tecnología encuentran en el cuidado de mascotas y animales domésticos una forma de compensación, una nostalgia de la naturaleza en la vida urbana. Es muy posible que también la poesía esté llegando a los corazones de muchos adolescentes para cumplir un papel de mascota, algo que, por otra parte, puede ser muy educativo. Es buena noticia que haya también poesía en un lugar proclive al vertedero, en el que suelen volar los insultos, las calumnias y las mentiras.

Pero, desde una perspectiva más literaria, ¿cómo afecta la nueva situación a la poesía? Mi pregunta no va dirigida a las nuevas posibilidades creativas que permiten los soportes audiovisuales (palabra, música, imágenes en acción...), ni a las dinámicas de escritura colectiva que favorece la comunidad digital, sino a los efectos de la poesía como género literario, la poesía heredera de Garcilaso, Leopardi, Rosalía de Castro o Cernuda, la poesía que yo leo y escribo desde mi propia infancia y mi juventud.

Empecemos por advertir que la cotidianidad de las redes sociales ha acentuado la relación fluida entre la intimidad, lo privado y lo público, es decir, entre lo que se siente, lo que se dice y lo que se publica, un eje fundamental de la escritura poética. Si un adolescente de 1990 podía sentir pudor al leer poesía en alto, algo propio de un estado de afeminamiento y debilidad según los prejuicios sociales, el de hoy vive acostumbrado a que la gente publique sus enfados, sus amores, sus penas y sus duelos casi en el momento de ser vividos.

Ahora bien, ¿cuál es la experiencia subjetiva y la experiencia del mundo que reproduce esta versión nueva de las relaciones entre lo privado y lo público? ¿Cuál es su conformación de la identidad? Me parece una cuestión decisiva a la hora de meditar los rumbos, las ventajas y los peligros de la nueva poesía. Y una cuestión que vuelve a no ser nueva. Si recordamos los primeros cuadros cubistas de Picasso al inicio del siglo XX, el manifiesto «Non serviam» de Vicente Huidobro en 1914 o el «Ensayo de estética a manera de prólogo» con el que Ortega y Gasset presentó *El pasajero* (1914) de Moreno Villa, nos enfrentaremos a los testimonios de un deseo orgulloso de delimitar el mundo artístico como realidad independiente, autónoma, bien diferenciada de la experiencia cotidiana de la historia. El arte abría camino en la construcción de mundos virtuales. Si Alain Badiou pudo caracterizar el siglo XX por su pasión por lo real, Slavoj Žižek avisó de que se trataba de un apasionamiento llamado a desembocar en mundos virtuales, en representaciones alternativas de la realidad. En *Bienvenidos al desierto de lo real* (Akal, 2005) explicó la evidencia, porque a veces las evidencias hay que explicarlas, de que «la pasión por lo Real culmina en su opuesto aparente, en un *espectáculo teatral*».

La preocupación más importante es la sospecha de que la experiencia que conforma la identidad subjetiva puede pasar a formar parte de una realidad virtual programada publicitariamente y vaciada de su propia historia. Del mismo modo que en la aceleración de la sociedad que habitamos la gente se acostumbra a decir lo que piensa sin pensar lo que dice, o sea, a decir sin decirse, es muy posible acostumbrarse a habitar mundos sin estar en ellos, partícipes de las realidades convocadas, pero como fantasmas efímeros, como espacios vacíos.

Esta imagen de la subjetividad como espacio vacío es la que mejor conviene a una ideología que necesita transformar al ciudadano en consumidor, hueco insaciable para asumir productos obsolescentes. Quien use con frecuencia las redes sociales y se convierta en receptor de sus mensajes y sus informaciones hará bien en leer con cuidado el ensayo de Eli Pariser que ya cité en otro capítulo: *El filtro burbuja. Cómo la red decide lo que leemos y lo que pensamos.* Los filtros de las plataformas digitales adaptan sus mensajes a nuestra apetencia como consumidores, hasta el punto de que el buscador de Google en el ordenador da una información distinta a cada usuario según su personalidad. Los filtros no sólo procuran venderte tus propias apetencias, sino que evitan un conocimiento abierto del mundo, negando a la curiosidad de cada individuo la existencia de los diversos mundos posibles. El consumo trabaja, convierte en mercancía nuestros prejuicios. ¿Éste es un modo de hacernos más libres o de programar nuevas formas de dominio?

Me parece una reflexión importante en la configuración de la intimidad poética. Los que vivimos la lectura de los medios digitales como una operación de libertad frente a los viejos medios de comunicación en manos de los bancos y las grandes multinacionales comprobamos ahora el peligro de un círculo vicioso, el empobrecimiento de la experiencia que supone buscar *libremente* aquello que nos da la razón y nos confirma en lo que queremos saber. Ponía el dedo en la llaga el filósofo Emilio Lledó al hablar de la importancia de tomar conciencia de nuestro papel de *receptores*. En una de las entrevistas recogidas en *Dar razón. Conversaciones* (KRK, 2017) afirmaba: «Hoy, cuando el enorme volumen de informaciones que nos acosa no nos permite construir nuestra receptividad, nos asfixia, no dejándonos pensar, yo creo que uno de nuestros problemas es hacernos buenos receptores: poder criticar la información que recibimos. La construcción de la recepción es importantísima y se relaciona con la mentira o la verdad del *logos*». Emilio Lledó nos aconsejaba tener cuidado con las carreras por las autovías de la información.

Ser receptor, o ser lector, o estar educado en la propia conciencia para no convertirnos en sujetos vacíos obligados a asumir los productos efímeros que la publicidad produce en busca de consumidores. Un juicio literario no debe ser confundido con las palabras de un *influencer* que ocupe con audiencias y seguidores el lugar antes otorgado al conocimiento. El academicismo tendió en muchas ocasiones a la paralización. Es memorable la ironía de Gerardo Diego cuando reivindicó en 1927 a Góngora frente a una crítica oscura, soberbia y apartada de la realidad. En el prólogo a su famosa *Antología poética en honor de Góngora* (1927) hablaba de «la repulsa indigna y unánime de los eruditos, que suelen siempre acertar al revés con las verdaderas minas de la poesía, como los meteorólogos de campanario». Frente a esos eruditos de campanario, se trataba de conformar una alternativa crítica en un conocimiento distinto, fundado en la labor consciente de estudiosos como Dámaso Alonso, Miguel Artigas, José María de Cossío o el propio Gerardo Diego. La tentación de sustituir a los posibles eruditos de campanario con la indocumentada opinión de los *influencers* puede llevar a confundir el espacio del lector por la aceleración de las audiencias y la lógica del consumo. Y la poesía no es un producto de desecho. La ética de la poesía es incompatible con la obediencia efímera al «me gusta».

El acercamiento a lo cotidiano en esta lógica del consumo nos invita a meditar sobre otros peligros. Como estudió el poeta Antonio Manilla en *Ciberadaptados* (La Huerta Grande, 2016), un libro que evita al mismo tiempo el optimismo celebratorio y el catastrofismo, el abaratamiento de la cultura viene de lejos y tiene que ver con las reglas de la sociedad del espectáculo impuestas por un neoliberalismo capaz de convertir la cultura en entretenimiento superficial dentro del consumo de ocio. La sustitución del reto educativo —cada vez más deteriorado en la sociedad contemporánea— por el entretenimiento facilita a su vez la sustitución del conocimiento por la comunicación y de la ciudadanía por el público de un espectáculo. Es lo que estudió Armand Mattelart en *Diversidad cultural y mundialización* (Paidós, 2006).

En esta confusión entre la libertad y la sociedad de consumo resulta iluminador plantearse la actividad que propone internet en los proyectos digitales y en sus relaciones comunitarias, tan utilizadas desde un optimismo cibernético que argumenta la ilusión activa de la participación. Se corre el peligro de confundir el papel activo del lector, figura imprescindible en el hecho literario a la hora de participar y habitar en la escritura del otro desde la propia experiencia, con el falso activismo del consumidor cibernético que acaba convirtiéndose en receptor pasivo del discurso programado por los filtros de la publicidad. Ya hemos recordado en este libro las iluminadoras reflexiones que Justo Navarro publicó en su ensayo *El videojugador. A propósito de la máquina recreativa*. Los mecanismos que sustituyen la experiencia de la historia por las realidades virtuales, algo controlado por los poderes bélicos a la hora de ordenar las guerras en la lógica de los videojuegos, convierten al jugador en una parte más de la estrategia programada desde fuera de su voluntad. «La interactividad tal como hoy se entiende cuando se habla de videojuegos —escribe Justo Navarro— consiste en que el jugador obedece órdenes que la máquina renovará en caso de que las anteriores sean obedecidas. Si no son obedecidas las órdenes dadas, la máquina sanciona o despide al jugador».

Los filtros crean esquemas que reducen el mundo a un mapa, unos paradigmas más identificados con la caricatura del consumo que con el conocimiento. Los procesos de abstracción, de alejamiento de la experiencia de la realidad, pueden servir —ya lo dije antes— para convertir un bombardeo en un videojuego, o una subjetividad en un modelo de consumo. Los lectores de poesía hemos observado con frecuencia de qué modo los versos que circulan por internet, de forma espontánea o firmados por aspirantes a poeta, se parecen demasiado a las campañas publicitarias de los grandes almacenes para motivar ventas en el día de la madre o de los enamorados.

Este proceso publicitario de infantilización tiene que ver con otro aspecto fundamental para la poesía, otro debate de siempre obligado a vivir en nuevas circunstancias: la cultura popular.

Desde que Augusto Ferrán publicó *La soledad* (1861) y, sobre todo, desde que Gustavo Adolfo Bécquer escribió su famosa reseña en *El Contemporáneo,* la poesía popular ocupó un papel decisivo en el esfuerzo de superar la retórica grandilocuente del romanticismo desgarrado. Las canciones servían para buscar una condensación, una síntesis: la intimidad del yo alcanzaba a objetivarse con naturalidad en un sentimiento colectivo. Cantó o escribió Ferrán:

> No os extrañe, compañeros,
> que siempre cante mis penas,
> porque el mundo me ha enseñado
> que las mías son las vuestras.

Este tipo de declaración implicaba varias situaciones a tener en cuenta. Que el sentimiento fuese compartido no significaba que el poeta pudiera ser uno más a la hora de escribir la canción. Se trataba de tener sabiduría lírica, oficio, para condensar en unos versos algo importante y sentido por todos. Los poetas neopopulares se identificaron en su mayoría, más allá de los ensueños románticos, con la famosa afirmación de Juan Ramón Jiménez en una de las notas a su *Segunda antolojía:* «No hay arte popular, sino imitación, tradición popular del arte». Puestos a escribir una poesía natural, conversacional, sin retóricas grandilocuentes, tampoco debe olvidarse esta otra declaración del poeta: «No entiendo por qué lo sencillo y lo espontáneo han de eludir la consciencia». La conciencia de la escritura.

Pero es importante considerar algo más. La apuesta por el folklore que esgrimió Antonio Machado en diversos momentos de su obra venía de tradición familiar, aunque también de la confianza que se depositaba en el saber popular, fruto de la experiencia de la vida real, frente a las mentiras oficiales de la aristocracia y de la burguesía. El poeta se encargó de situar la existencia cotidiana de Juan de Mairena: «Vivía en una gran población andaluza, compuesta de una burguesía algo beocia, de una aristocracia demasiado rural y de un pueblo inteligente, fino, sensible, de artesanos que saben su oficio y para quienes el hacer bien las cosas es, como para el artista, mucho más importante que el hacerlas». Esto le sirvió a Mairena para afirmar cosas como la que sigue: «Es muy posible que, entre nosotros, el saber universitario no pueda competir con el *folklore,* con el saber popular. El pueblo sabe más, y sobre todo, mejor que nosotros».

¿Sería posible afirmar hoy esto? Quizá en 1936 tenía sentido apostar por la experiencia vital del pueblo frente a los señoritos, aunque confieso que, por un motivo o por otro, nunca me siento cómodo con las separaciones tajantes entre la cultura académica y la popular. Pero la realidad es que, en 2018, cuando la larga relación de la experiencia vital que sostenía el folklore ha sido sustituida por la telebasura, los bajos instintos, el vertedero de las audiencias y la degradación calculada de los sistemas educativos, no deja de parecer preocupante la sustitución de la vida institucional por una indignación callejera capaz de pedir la pena de muerte o el linchamiento público movilizada por la demagogia. La cultura popular parece hoy la respuesta a un crimen convertido en espectáculo mediático. El propio Juan de Mairena hablaba de una libertad que no consistía en poder decir lo que pensamos, sino en poder pensar lo que decimos. ¿Es ésa la dinámica que fluye ahora en las redes? ¿Es posible confiar en la artesanía y en el oficio cuando la degradación del mundo laboral ha roto las vocaciones para repartir empleos baratos con los que ganarse la vida? ¿Es lo mismo tener un empleo que tener un oficio?

La aceleración de las redes sociales es la culminación de una lógica mercantilista que ha convertido el tiempo como pacto social en algo perecedero. El instante no es ya un eslabón de una cadena dispuesta a formar un relato, en el que la herencia del pasado es la mejor complicidad de compromiso con el futuro. El presente como objeto de usar y tirar permite la lógica del consumo inmediato, la falta de responsabilidad sobre las palabras que se dicen, el predominio de lo que se ha dado en llamar la posverdad, es decir, una inercia radicalmente distinta a la experiencia de la verdad que busca la poesía. No la insatisfacción del sujeto vacío del consumo, que vive su existencia de acuerdo a los programas publicitarios, sino las operaciones de conocimiento que puede asumir una mirada consciente sobre la realidad.

La distinción entre cultura y entretenimiento no es un asunto de elitismo. Estamos hablando más bien de educación y de tiempo. Antonio Manilla citó en su libro unas reflexiones de Pierre Bourdieu en las que se definía la cultura como el «estado incorporado», «una propiedad hecha cuerpo». Escribió Bourdieu:

> La acumulación del capital cultural exige una *incorporación* que, en la medida en que supone un trabajo de inculcación y de asimilación, consume *tiempo,* tiempo

que tiene que ser invertido *personalmente* por el «inversionista» (al igual que el bronceado, no puede realizarse por poder): el trabajo personal, el trabajo de adquisición, es un trabajo del «sujeto» sobre sí mismo (se habla de *cultivarse*). El capital cultural es un tener transformador en ser.

La cultura supone una idea del tiempo que se niega a definir al individuo como consumidor, como sujeto vacío, y que se niega a tratar el presente con la urgencia de lo que no está destinado a permanecer. Desembocamos aquí en un cauce imprescindible para la vocación literaria: el diálogo generacional, la escritura como herencia de una tradición que exige ser asumida para buscar nuevas respuestas ante los cambios vivos y verdaderos de la realidad. Ni ancianos que imponen el fin de la historia, ni jóvenes adánicos que llegan a creerse inventores de un mundo sin deudas con el pasado. Ante la desarticulación ética que sufren las sociedades de la posverdad, el tiempo de la literatura, inseparable de la apuesta por la verdad de la poesía, es el mejor espacio en el que guarecerse y pervivir.

Hubo un tiempo en las polémicas literarias españolas en el que se enfrentaron los partidarios de la poesía de la comunicación con los partidarios de la poesía del conocimiento. Eran polémicas generacionales, porque no hay hecho literario que pueda desprenderse de las posibilidades de conocimiento que provoca la escritura, ni tampoco de la comunicación con un lector llamado a apropiarse de la cita literaria como asunto propio. Pero convenía distinguir un panfleto de una elaboración poética. En la actualidad, afirmar que la poesía no es comunicación supone —lo mismo que afirmar que el periodismo no es comunicación— el deseo de defender la verdad frente a la posverdad que circula a través de las redes sociales. Se trata de volver a reivindicar una honestidad que se relaciona con la intimidad de la escritura y no con los soportes de la difusión veloz.

Todas mis reflexiones anteriores tienden a justificar mi fe en el futuro de la poesía y mi confianza en una juventud capaz de recibir la antorcha. Se trata de comprender sus conflictos y las apuestas en juego. La poesía será, desde luego, de una juventud educada en el mundo actual, en las redes sociales, en las nuevas dinámicas de la realidad. Pero el joven capaz de hacer la poesía de hoy no actuará de adán, ni de buen salvaje, sino como un lector de Leopardi, de Garcilaso o de Rosalía de Castro, alguien que haya recibido la herencia y sea dueño de su presente y de su compromiso con la verdad. Un letraherido.

¿El ordenador? Pues claro, y antes la máquina de escribir, y antes el bolígrafo y la pluma... No se trata de negarnos a comprender los cambios que va imponiendo la vida, sino de negarnos a ser sujetos vacíos, esos sujetos que son siempre los humillados en el juego de la caducidad, sujetos sobrantes en la historia escrita por el poder. Ése es nuestro compromiso con las letras, con todo lo que hay detrás de las palabras que componen nuestra vieja lucha con la página en blanco. Pedro Salinas, en *Fábula y signo* (1931), escribió un poema de amor republicano sobre las letras de su máquina de escribir. Lo tituló «Underwood Girls», y digo que es un poema de amor republicano porque el colofón del libro se fechó un 14 de abril de 1931. Fue un seguro azar:

> Quietas, dormidas están,
> las treinta, redondas, blancas.
> Entre todas
> sostienen el mundo.
> Míralas, aquí en su sueño,
> como nubes,
> redondas, blancas, y dentro
> destinos de trueno y rayo,
> destinos de lluvia lenta,
> de nieve, de viento, signos.
> Despiértalas,
> con contactos saltarines
> de dedos rápidos, leves,

       como a músicas antiguas.
       Ellas suenan otra música:
       fantasías de metal,
       valses duros, al dictado.
       Que se alcen desde siglos
       todas iguales, distintas
       como las olas del mar
       y una gran alma secreta.
       Que se crean que es la carta,
       la fórmula, como siempre.
       Tú alócate
       bien los dedos, y las
       raptas y las lanzas,
       a las treinta, eternas ninfas
       contra el gran mundo vacío,
       blanco en blanco.
       Por fin a la hazaña pura,
       sin palabras, sin sentido,
       ese, zeda, jota, i...

Hermoso poema de celebración. Pero la hazaña pendiente no estaba en el deseo de utilizar la tecnología para llegar a la abstracción absoluta o al sinsentido. Los acontecimientos bélicos posteriores demostraron la necesidad de otro reto sobre la técnica, la ciencia y las humanidades: la necesidad de continuar el relato humano como búsqueda de sentido a través de la pluma, el bolígrafo, la máquina de escribir y el ordenador. La aventura es responder a una idea del ser humano, del tiempo y de las relaciones sociales entre la intimidad, lo privado y lo público. Las cosas de siempre para una conciencia vigilante.

Las luciérnagas: un orden disidente

1

El 1 de febrero de 1975, en el *Corriere della Sera,* Pier Paolo Pasolini publicó un famoso artículo sobre la desaparición de las luciérnagas en Italia. Se trata de una de las meditaciones a flor de piel recogidas en los *Escritos corsarios* (Monte Ávila, 1978). El poeta y cineasta, atento a los síntomas de una sociedad en transición, había descubierto un hecho que lo invitaba a sentir el genocidio:

> En los primeros años del sesenta, a causa del envenenamiento del aire y sobre todo, en el campo, a causa del envenenamiento del agua (los ríos azules y los arroyos transparentes) comenzaron a desaparecer las luciérnagas. El fenómeno ha sido fulminante y fulgurante. Después de pocos años las luciérnagas no existían más. Son ahora un recuerdo, bastante desgarrador, del pasado: y un hombre anciano que tenga tal recuerdo no se puede reconocer a sí mismo joven en los nuevos jóvenes, y por lo tanto no puede tener los bellos sentimientos de antes. Aquella *cosa* que sucedió hace una decena de años la llamaré por lo tanto *desaparición de las luciérnagas*.

Pasolini había vivido el *genocidio* que la sociedad capitalista, con los códigos de la homologación en el consumo, produjo no sólo sobre las luciérnagas, sino sobre las formas de la cultura tradicional italiana. Fue la preocupación que marcó sus últimos días y su relación final con la política, convirtiéndolo en alguien incómodo para todos, hasta ser asesinado el 2 de noviembre de 1975.

En los *Escritos corsarios,* por ejemplo, se incluye una intervención en la Fiesta de la Unidad, en Milán, 1974, bajo el título «El genocidio», dedicada a señalar las transformaciones sociales de los jóvenes italianos en la sociedad de consumo. Los valores nacionalistas y clericales eran sustituidos por lo que Pasolini llamaba «una nueva forma de fascismo», extendida gracias a los medios de comunicación de masas. Una concepción inhumana del progreso impuesta por la «modernidad» económica.

Soy consciente de los motivos que me llevan a recordar a Pasolini ahora que escribo sobre la Transición española. Hay un peso biográfico, desde luego. El joven comunista que yo era en 1982 buscó en su poesía una posible referencia para meditar sobre lo que había ocurrido en España o me había ocurrido a mí. *El jardín extranjero* (1983) fue en buena medida una identificación con «el escándalo de contradecirme» que Pasolini había meditado en *Las cenizas de Gramsci* (1957). El oscuro *giardino straniero* en el que estaba enterrado Gramsci fue el escenario de una tensión entre los ideales más queridos y el nuevo rumor de la vida, con su propia lógica apresurada, que dominaba ya los talleres del Testaccio.

Pero este recuerdo personal está justificado también desde una perspectiva teórica, porque me interesa situar la lógica de la llamada Transición española en el espacio de lo que Pasolini definió como «una mutación antropológica». La sociedad española no pasó sólo de una dictadura a una democracia, sino del subdesarrollo económico a la integración en el capitalismo avanzado europeo. Y esta mutación antropológica no se dio sólo entre 1975 y 1985, con la Constitución de 1978 de por medio, sino que sucedió poco a poco, en el fluir de la vida cotidiana, a partir de los años sesenta. Hablo del desarrollismo industrial de Madrid, Cataluña y el País Vasco, que puso fin a la primera posguerra. Ese desarrollismo económico, esa primera distancia del subdesarrollo, dio paso a la deslegitimación paulatina de las formas de vida propias del franquismo (militarismo fascista, clericalismo, represión sexual, nacionalismo españolista) que buscaron después, en los años setenta y primeros ochenta, su legitimación en las nuevas formas de una política democrática.

Para contar mi relato voy a echar mano de otros relatos, de la historia que a mí me ha contado la literatura. No sólo hablaré de lo que viví, sino también de lo que leí, lo que elegí leer, otra forma de vida, de elegir una vida. El sentimiento de distancia ante muchas versiones de la Transición escritas por gente nacida una vez muertas las luciérnagas me invita a recordar a mis mayores.

Empiezo por 1956. Rafael Sánchez Ferlosio publica *El Jarama,* la novela con la que había obtenido en 1955 el Premio Eugenio Nadal. El relato nos conduce a una venta situada en las orillas del río, un domingo de agosto de 1954. Todavía son los años duros de la primera posguerra. La rutina del tiempo irremediable pasa sin mirar el porvenir. Pero ya se intuyen algunos cambios, si bien aún se viven más como expansiones de la imaginación que como realidades. En cualquier caso, los americanos están llegando a Torrejón gracias al Pacto de Madrid, firmado por Franco en 1953. Al rumor de las bases militares, aparecen insinuaciones de un tiempo distinto. En la novela de Sánchez Ferlosio, los coches que cruzan las carreteras españolas son malos, de baja velocidad, modelos obligados a durar años con sus tartamudeos de humo. Pero un personaje de la fábula, entre bromas y veras, ve venir una mutación de costumbres:

> Hasta que llegue un día en que se compre uno el coche, ¿eh...? Pues nuevecito. Y nada: ponerlo en marcha y a Puerta de Hierro, pongo por caso. Un paseíto corto. Ir y volver y ¡fuera!, a la basura el coche. A la tarde, a la tienda a por otro. Pues bueno, otro caso: nada, que hay que certificar esta carta. Coges tu coche, y a Correos. A la vuelta, lo mismo. Fuera con él. ¡Al cubo!

Y así; nada más un servicio y tirarlo. ¿No me comprende? Como una servilleta de papel. Pues lo mismo. Así pasará algún día con los coches, al paso que vamos...

Lo que parecía un arrebato de imaginación marcará poco a poco el sentido de la realidad cuando se consolide el consumismo en la España industrial de los años sesenta. Como la mutación de costumbres afectó a las formas de vida y a las viejas ilusiones de la política heredadas de la Segunda República, se convirtió pronto en asunto literario.

Max Aub escribió *Las vueltas* (1965), un libro pensado no para contar un regreso imposible de los exiliados republicanos a España, sino para hablar de sus *vueltas* a un país que difícilmente podían sentir como suyo. El escritor daría cuenta más tarde de su experiencia de insatisfacción en *La gallina ciega* (1971), el diario de su propia vuelta a España. En los diálogos de *Las vueltas,* situados en 1947, 1960 y 1964, hay un momento de complejidad histórica en el que aparecen los sentimientos amorosos y las transformaciones sociales. Estamos en 1964. Dos personajes, Mariana y Mi Hermano, habían mantenido una relación amorosa en 1936. Después de lo vivido por ella en la España franquista, un verdadero castigo, el intento de retomar esa relación basada en la libertad parece imposible. Por otra parte, el regreso del exiliado, con su memoria política, es también imposible a causa de la nueva realidad del país. España se parece cada vez más en sus costumbres a una Europa liberal que cambia los valores ideológicos por el pragmatismo del consumo y el bienestar. En nuestro caso, se trataba de una economía desarrollada sin libertad. Mi Hermano dice, remedando unas palabras de Francisco Ayala:

> La democracia liberal ha llegado a ser algo tan útil como el coche, las vacaciones pagadas o la televisión. Y a quienes —como nosotros— nos formamos en la batalla de las ideologías, nos asombra la despreocupación

con que prescinden de las suyas los partidos tradicionales, y cómo la gente echa por la borda disposiciones mentales que parecían muy arraigadas.

El propio Francisco Ayala dejó su crónica de este momento de transición ética en un relato titulado *El rapto* (1966). El protagonista es un joven español que vuelve por unos días al pueblo con las costumbres aprendidas en sus años de emigración alemana. La voz del narrador plantea la perspectiva: «Y yo pienso: "La guerra de España pertenece a la historia, ya. Este mismo año se han publicado dos o tres historias de la guerra civil española. Y estos muchachos que trabajan en la industria de la nueva Alemania, todavía no habían nacido"».

Vicente de la Roca llega al pueblo en su «formidable motocicleta» y se hace amigo de Patricio, un muchacho que pretende a Julita según los usos tradicionales. Vicente, orgulloso de representar la moral libre y sin escrúpulos de Alemania, seduce, rapta y abandona a Julita sin robarle la virginidad, para demostrar al infeliz amigo que todas las mujeres son iguales y que el recato tradicional es una mentira. La crueldad del acto gratuito, que no piensa en la vida de las personas, enfrenta las costumbres reaccionarias de los viejos con un porvenir que se intuye descarnado y sin compasión.

El lector informado para el que escribe Ayala reconoce enseguida «El curioso impertinente», la novela corta que Miguel de Cervantes introdujo en el argumento de *Don Quijote de la Mancha*. Es la historia de amor irresponsable tejida por Lotario, Anselmo y su mujer, Camila. Ayala había estudiado a lo largo de los años la capacidad cervantina para utilizar las estrategias de la ficción a la hora de dar cuenta de la realidad. Los estudios recogidos en *La invención del Quijote* (Punto de Lectura, 2005) ayudan a comprender el sentido de *El rapto* como narración que denuncia las lecturas tradicionales de la realidad, su desconexión con el mundo y la incertidumbre del tiempo que se avecina.

Los matices de la sociedad iban definiendo un modo de entender el país y de situar las posiciones políticas y sus mestizajes engañosos. Juan Marsé encontró en *Últimas tardes con Teresa* (1966) motivos para una mirada irónica. La juventud universitaria antifranquista, perteneciente a la alta burguesía catalana, jugaba a ser revolucionaria sin llegar a romper su pertenencia natural de clase. Un joven de suburbio, proveniente de la emigración andaluza, intentaba sobrevivir, ganarse la vida en cualquier negocio, sin parecerse en nada a la figura del proletario comunista. Ni los deseos sociales de Teresa, ni la ilusión del trabajo digno que llega a abrigar el atormentado Pijoaparte tienen futuro en una realidad que impone de manera implacable su dinámica. Los posibles cambios se limitaban a otra metáfora: las cometas. Indicaban también en su vuelo el paulatino cambio económico en la sociedad:

> En los grises años de la posguerra, cuando el estómago vacío y el piojo verde exigían cada día algún sueño que hiciera más soportable la realidad, el Monte Carmelo fue predilecto y fabuloso campo de aventuras de los desarrapados niños de los barrios de Casa Baró, del Guinardó y de La Salud. Subían a lo alto, donde silbaba el viento, a lanzar cometas de tosca fabricación casera, hechas con pasta de harina, cañas, trapos y papel de periódico: durante mucho tiempo temblaron, coletearon furiosamente en el cielo de la ciudad, fotografías y notificaciones del avance alemán en los frentes de Europa, reinaba la muerte y la desolación, el racionamiento semanal de los españoles, la miseria y el hambre. Hoy, en el verano de mil novecientos cincuenta y seis, las cometas del Carmelo no llevan noticias ni fotos, ni están hechas con periódicos, sino con fino papel de seda comprado en alguna tienda, y sus colores son chillones, escandalosos.

Las implicaciones estéticas de este cambio forman el eje de *El tragaluz,* un drama de Antonio Buero Vallejo representado en 1967 en el Teatro Bellas Artes de Madrid. Un matrimonio anciano tiene dos hijos de distinto carácter y suerte social. Vicente es un triunfador, ha conseguido un buen trabajo en una editorial, disfruta de un coche nuevo, puede regalar electrodomésticos a sus padres y, además, goza de los favores sexuales de su secretaria. No le importa someter su conciencia a las órdenes de los jefes. Mario es un hombre amargado por su propia honestidad. Vive con sus padres en un sótano y no respeta la manera de ser y la alegría impudorosa con la que su hermano celebra el bienestar económico. La historia familiar esconde una herida abierta en los años de la Guerra Civil. Vicente traicionó a su familia y se subió él solo a un tren, dejando en la miseria al padre, a la madre, a Mario y a una hermana pequeña que acabó muriendo de hambre. Desde el sótano, por un tragaluz, el padre ve pasar en la calle los zapatos de la vida.

Creo que la mejor interpretación de esta obra se la debemos a Emilio Romero, un periodista afín al régimen. En el artículo «Un sótano y el tren», publicado en el diario *Pueblo* el 10 de octubre de 1967, escribió indignado:

> La idea de la obra es, por lo que se ve, coger o no coger el tren; la moral que se predica en esta obra está en lo que la literatura política llama *conciencia de resistencia.* En la España del progreso, de los automóviles, de la revolución industrial, de la nueva legislación social, de la desaparición del analfabetismo, de la paz pública, de la renovación general de las cosas, del acogimiento a quince millones de extranjeros al año —sobre todos los defectos y faltas, y errores, e injusticias—, la moral del autor de *El tragaluz* se refugia en el sótano. ¡Pues no!

El escritor franquista se indigna con la resistencia del dramaturgo republicano, condenado a muerte después de la guerra por los vencedores, que todavía en 1967 se niega a aplaudir la España del turismo, el desarrollo industrial y el progreso económico. Se trata de la España de los «veinticinco años de paz» que Fraga Iribarne convirtió en una gran campaña publicitaria. El régimen intentaba lavarse la cara en esa época, iniciando una transición desde sus propias entrañas. Hubo dos momentos políticos destacados en el proceso de institucionalización de la dictadura: la promulgación de la Ley Orgánica del Estado, aprobada en 1966 como disfraz legal, y la designación, el 23 de julio de 1969, de Juan Carlos de Borbón como sucesor de Franco a título de rey.

Estos cambios eran una maniobra del franquismo sobre la base de un desarrollo económico que estaba transformando la sociedad e iniciando la mutación ideológica. Recuerdo aquí, como último ejemplo, un artículo de deslumbrante inteligencia que publicó Jaime Gil de Biedma, el 1 de marzo de 1965, en *The Nation*. Se titula «Carta de España (o todo era Nochevieja en nuestra literatura al comenzar 1965)». Jaime Gil de Biedma, hijo de la alta burguesía catalana, ejecutivo de Tabacos de Filipinas, poeta social y compañero de viaje del Partido Comunista, podía observar el panorama desde una perspectiva muy amplia.

El artículo propuso una interpretación de las maniobras políticas de Fraga Iribarne y de sus consecuencias en la vida de los españoles. La campaña manipuladora de los veinticinco años de paz se debía a la política calculada del «refitolero ministro de Información y Turismo». El calificativo de *refitolero* implicaba algo más que una ocurrencia, porque unía la alusión a una política afectada de falsas libertades y el protagonismo de los asuntos alimenticios, de refectorio, propios del convento nacional. La derecha franquista vivía con su ministro una época de optimismo: «Después de tantos años de forzoso cinismo, fundamentar su adhesión al régimen en el hecho de que es un régimen económicamente progresivo, y no en el puro instinto de conservación, ha sumido a la derecha española en un estado casi voluptuoso de buena conciencia».

El proceso fijaba una nueva situación a consecuencia de un fenómeno doble: el miedo y la esperanza estaban siendo igualmente abolidos. Se había quedado sin pies el mito de una «segunda vuelta», un regreso de la República. El acomodo era consecuencia del progreso económico: «La prosperidad española, lo mismo que la prosperidad europea, ha dado lugar a una desradicalización de las clases trabajadoras. Cierto que la prosperidad española es infinitamente menos elevada que la europea, pero el nivel inicial lo era también infinitamente». La nueva situación empezaba a borrar la memoria sentimental de la Guerra Civil y alejaba a los españoles de la herencia republicana.

La realidad mostraba vértigos contradictorios para un poeta como Gil de Biedma. La desaparición del miedo y la pérdida de valor simbólico de la rutina bélica del franquismo suponían, desde luego, factores beneficiosos: «Son, además, fenómenos positivos que abren la puerta a la esperanza, por más que tal esperanza sea, ay, bien distinta de aquella con la que muchos se embriagaban». Pero el nuevo problema era asumir la docilidad de un país que, a cambio de prosperidad económica, aceptaba la falta de libertad o la existencia de una idea ridícula de libertad. Oportuno resultaba recordar esta coplilla dirigida al ministro refitolero:

> Mente clara, gran cultura,
> Los placeres de la carne
> Nunca del todo censura
> Don Manuel Fraga Iribarne.

Gil de Biedma comprende que no es el franquismo lo que se agota, sino otra cuestión que le afecta de manera íntima como poeta y que, en un corto plazo, lo llevará al silencio: «Porque lo que está en trance de desaparecer son las condiciones que nos permitieron identificar la opresión, el sentimiento de futilidad y el solitario desamparo en que vivimos la mayoría de los escritores españoles con la opresión, la penuria y la desamparada incertidumbre en que vivía la gran masa de nuestros compatriotas». El compromiso político de los escritores españoles se quedaba sin pies en el suelo en una sociedad transformada en los códigos del capitalismo avanzado y en los valores sentimentales del consumismo. ¿Desde dónde escribir?

La pregunta de Jaime Gil de Biedma, como digo, afectó a su propia escritura o a su silencio. La aparición de su primer libro, *Compañeros de viaje* (1959), había supuesto un testimonio preciso: la superación de la herencia simbolista y el paso al realismo crítico. Esta vinculación literaria y política desembocó después en *Moralidades* (1966). El suelo de su personaje poético era precisamente el mundo que desaparecía en su carta de 1965. La interiorización de la crisis daba pie a intensificar sus indagaciones sobre la intimidad y la vida erótica que encontramos en *Poemas póstumos* (1968). Pero una vez llegado a esa interiorización, sólo le quedaba el silencio. La gravedad de la mutación no dependía del sentimiento de saberse ignorado por el pueblo en la lucha contra Franco. Ese tipo de soledad ya había sido aceptada en su época social como una parte más de la conciencia. Los disidentes no suelen ser muchos. En los recuentos históricos de hoy, parece que todo el mundo era demócrata y antifranquista. No es verdad. Uno de los poemas de *Moralidades*, «Un día de difuntos», recuerda un acto político en el cementerio civil de Madrid: «Un día dedicado a la mejor memoria / de aquéllos, cuyas vidas / son materia común, / sustancia y fundamento de nuestra libertad». El poeta y sus compañeros de viaje forman un grupo reducido en su camino al cementerio civil: «Éramos unos cuantos». La mayoría iba a otro sitio:

> ... nos detuvimos
> junto a las grandes verjas historiadas,

> a mirar el gran río de la gente
> por la avenida al sol, que se arremolinaba
> para luego perderse en los rincones
> de la Sacramental, entre cipreses.
> Aunque nosotros íbamos más lejos.

El poema responde a un día de difuntos de 1959, en el que visitó la tumba de Pablo Iglesias, a la mañana siguiente de su famosa lectura en el Ateneo de Madrid junto a Carlos Barral y José Agustín Goytisolo. La idea de un señorito de alta sociedad desclasado, dispuesto a combatir la dictadura y las injusticias sociales, era compatible con un pueblo dominado y sin conciencia de clase. Pero no es lo mismo sentirse ignorado que abandonado. Algo se estaba rompiendo a la altura de 1965 para los escritores comprometidos. No se trataba ya de una falta de conciencia antifranquista, sino de una mutación social que transformaba la existencia popular en los valores del consumo y en una acomodada convivencia con la dictadura. Fue en ese momento cuando Gil de Biedma dejó de identificarse con su personaje poético.

Confieso que en el recuerdo de este texto de Jaime Gil de Biedma pesan también motivos autobiográficos. La mirada hacia Pasolini y la tumba de Gramsci coincidió con un esfuerzo por convocar de nuevo la palabra de Gil de Biedma en la escena poética de los años ochenta. Un grupo de poetas y amigos jóvenes intentamos saltar por encima de su propio silencio con la elaboración de un número de homenaje en la revista *Litoral*, con el título de *El juego de hacer versos* (1986). También preparamos un número de homenaje a la Generación del 50, *Palabras para un tiempo de silencio* (1985), en la revista *Olvidos de Granada*. Frente al experimentalismo, el culturalismo, el malditismo y el orgullo de la modernidad que habían dominado la poesía española en los años setenta, intentábamos recuperar el curso de la poesía civil de Ángel González y Jaime Gil de Biedma.

He querido exponer una primera idea que me parece importante: los cambios que suelen identificarse con la Transición española empezaron mucho antes de la muerte de Franco y respondieron a una transformación que se produjo en la sociedad al calor de los cambios económicos. Por eso son muy infantiles las críticas a la Transición que se reducen a buscar responsabilidades en unos políticos de izquierdas que quisieron pactar con la derecha una democracia recortada a la muerte del dictador. Las posibilidades de cada proyecto político estaban muy marcadas por una dinámica social que venía de lejos. Responsabilizar a los políticos está bien, pero no a costa de dejar en un limbo ahistórico a la gente o al pueblo que representan. La historia que fraguó entre los años setenta y ochenta, con la pérdida interesada de memoria, venía de lejos y de hondo.

No hay un relato único de la Transición. Hay muchos posibles, aunque ha acabado dominando la idea de una Transición pacífica, guiada por los padres de la patria, que marcó el paso de la dictadura a la democracia. Se olvida que hubo en juego muchas tensiones entre las distintas ideas de democracia que buscaron su curso después de la muerte de Franco. Señalo dos de ellas:

1. Los herederos de Fraga necesitaban acabar con la dictadura para poder integrarse en la modernidad del capitalismo avanzado europeo. Se trataba de una democracia formal, con avances significativos respecto a la situación anterior. Las élites económicas del franquismo renunciaron a algunos privilegios para seguir controlando el Estado y el tejido social. Esta idea de democracia cumplía el proceso señalado en los años sesenta por escritores como Buero Vallejo, Ayala, Max Aub y Gil de Biedma.

2. El deseo de una democracia de mucho más calado social defendida por organizaciones políticas obreras y por el movimiento estudiantil, con un protagonismo notable del Partido Comunista de España y de Comisiones Obreras. Aunque nunca se alcanzó la fuerza social necesaria para

protagonizar la transformación deseada, sus sacrificios sirvieron para conseguir algunas conquistas de mucho valor. Su falta de desarrollo posterior no se debió tanto a la Transición como a la política neoliberal asumida por los gobiernos en la España de los años ochenta y noventa.

No es bueno negar todo lo conseguido ni tampoco sacralizar los logros o pensar que se trató de un tiempo feliz, de situaciones perfectas y sin limitaciones. En cualquier caso, es un desatino olvidar que la democracia formal supuso un avance difícil, lleno de logros, frente a la dictadura. Para comprobarlo basta con observar cómo en la última crisis económica, más dura en España que en otras democracias europeas, las élites se lanzaron a recuperar sin pudor sus privilegios perdidos a través de la liquidación del derecho laboral y de las políticas de recortes en los servicios públicos. El empresariado español vive todavía de extorsionar al Estado, más que de una productividad económica efectiva.

Con respecto a la Transición, sucede en el discurso cultural un fenómeno curioso. Por un lado, una serie de novelas y películas han intentado crear el relato de la equidistancia, la reconciliación esperable entre dos bandos que fueron malos y que tuvieron la misma responsabilidad en el golpe de Estado de 1936. Se falsifica así la historia de una derecha golpista que acabó con un sistema democrático y se vendió al fascismo y al nazismo para imponer una de las dictaduras más crueles de la historia contemporánea.

Por otro lado, la política de «todos fueron iguales» se aplica ahora también a la inversa en la cultura del izquierdismo, borrando la realidad de una oposición intelectual y política de firmes convicciones que se enfrentó en los años de la Transición a los mecanismos del poder. El olvido decretado o la manipulación sobre la lucha democrática y social de la izquierda en la Guerra Civil y la posguerra parece caer también sobre la Transición.

Al hablar de una mutación antropológica, Pasolini reconocía mirar el mundo desde un tiempo viejo. Una herida grave impedía el diálogo generacional, la transmisión de experiencias. La mercantilización del tiempo sacraliza el instante y lo convierte en un objeto de usar y tirar, borrando la dimensión narrativa de la memoria. Se impide también así el compromiso de «lo viejo» con el futuro. Fue un error grave de interpretación de la historia lo que llevó al Partido Comunista a no presentar en las primeras elecciones democráticas a candidatos de las generaciones jóvenes que representaran bien su significado de un futuro democrático en 1977. Las mejores virtudes se convierten a veces en los peores defectos. La lealtad a la memoria hizo que el protagonismo electoral recayese en personalidades como Dolores Ibárruri, Santiago Carrillo, Ignacio Gallego o Rafael Alberti, rostros muy dignos, emocionantes, pero que llegaban a la nueva democracia como una secuela de los tiempos de la Guerra Civil. Se le pusieron las cosas demasiado fáciles a un joven Felipe González, decidido a conducir la tradición socialista hacia la modernidad del neoliberalismo europeo. No le costó trabajo conectar con un electorado educado en la falta de memoria y, ante todo, en el deseo de prosperidad capitalista.

Es curioso, como digo, que en los análisis de la Transición de la izquierda abunde hoy el fenómeno contrario. Son los jóvenes maltratados por la situación económica quienes no comprenden la lucha de sus mayores. El concepto de juventud siempre estuvo sobrecargado de significación en la historia contemporánea española. Lo estudié en mi libro *Inquietudes bárbaras* (2008). Desde el fracaso de la Primera República, ser joven fue también asumir la responsabilidad de modernizar el país, regenerarlo en los ámbitos políticos, científicos y culturales. La tradición inaugurada por la pedagogía de Giner de los Ríos y la Institución Libre de Enseñanza se alargó a través de todo un siglo hasta llegar a los jóvenes barbudos que se organizaban en la clandestinidad para luchar contra el franquismo en las universidades de los años setenta. El relato de la Transición de las élites económicas (hay reconciliación, ya somos modernos, la historia ha concluido) desembocó en la diversión. Los hijos de la democracia no tenían ya que preocuparse por la lucha política según el discurso oficial; podían reunirse en los espacios públicos, pero para celebrar la noche.

Luego resultó —ya lo he apuntado— que el futuro conquistado estaba lleno de vacíos y de insatisfacciones, que la crisis económica limitaba la alegría prepotente del consumo y que la fragilidad democrática del tejido social deterioraba las condiciones laborales. Con el 15M volvió la juventud política a la calle. Pero la educación adánica recibida impidió de nuevo el diálogo generacional. Se pasó a despreciar por igual a todos los que habían trabajado para conseguir una democracia. La equidistancia de «todos éramos malos y ya somos todos buenos en la reconciliación» facilitó una idea de la Transición como pacto general de traidores.

Siempre he creído que en la mercantilización del tiempo son tan corrosivos los viejos cascarrabias como los jóvenes sin memoria. Como no quiero ser un viejo cascarrabias, no voy a criticar aquí a los jóvenes que desprecian ahora los esfuerzos (carreras, torturas, cárceles, matanzas) consagrados a sacar a España de la dictadura franquista. Es asunto suyo si quieren y pueden olvidarse de algunas causas políticas decentes y de algunas apuestas literarias que intentaron enfrentarse a los discursos oficiales de la época, ya fuese contra el olvido de la tradición republicana, la modernidad apolítica o el malditismo (ese tonto útil del poder que consagra a Dios al disfrazarse de Demonio).

Pero yo no me resigno aquí a recordarme en otro tiempo, en otra edad, como un joven con memoria, dispuesto a recuperar el diálogo con una tradición de lucidez disidente y llena de calidad literaria. Es la tradición que hasta ahora he recordado con Pier Paolo Pasolini y Jaime Gil de Biedma.

Como soy también profesor de literatura (a mi trabajo acudo y con mi dinero pago el pan que me alimenta y el traje que me cubre), empiezo por señalar que en el ámbito de la filología se ha cultivado desde los años setenta, con diferentes perspectivas y grados de compromiso, un trabajo a contracorriente de la actualidad olvidadiza. Tuve la suerte de encontrar en la Universidad de Granada a un maestro como Juan Carlos Rodríguez y un libro como su *Teoría e historia de la producción ideológica. Las primeras literaturas burguesas* (Akal, 1974). Me enseñó la radical historicidad de la literatura y el carácter ideológico de la subjetividad con su lectura de Garcilaso y San Juan de la Cruz. No hace falta acudir a los panfletos o a literaturas de baja entidad para encontrarnos con el conflicto de la ideología.

También aprendí mucho del siglo xx con José-Carlos Mainer y *La Edad de Plata, 1902-1931* (Los Libros de la Frontera, 1975). Y he valorado el trabajo de Manuel Aznar Soler en su estudio de la literatura republicana condenada al silencio. El monumental *Diccionario biobibliográfico de los escritores, editoriales y revistas del exilio republicano de 1939* (Renacimiento, 2017), preparado junto con José-Ramón López García, es el resultado de muchos años en los que la meticulosidad de una labor filológica se ha mezclado con un compromiso humano de historia y memoria.

El trabajo creativo necesita encontrar complicidades en la labor teórica a la hora de elegir desde qué perspectiva situar la escritura. De especial importancia ha sido para mí la figura de Joan Oleza, su deseo de recuperación del realismo en un espacio teórico que rompe con la creencia de una verdad esencial —que debe ser reflejada o no por la imitación—, para introducir un debate sobre la modernidad y los estilos literarios. El discurso antimodernista tan propio de la modernidad ha negado cualquier diálogo social en la literatura al decretar las diversas formas del esteticismo, la oscuridad o el silencio como buenas respuestas a las mezquindades del capitalismo. La trampa de la contracultura es la cola de este león domado. El libro de Joan Oleza *Trazas y bazas de la modernidad,* ya citado, reúne años de estudio y reivindicación de figuras como Pérez Galdós, Blasco Ibáñez y Max Aub. Su lectura de la modernidad realista frente, por ejemplo, a la estética de Adorno, sitúa un espacio interesante de disidencia ante la tradición antimodernista tan valorada por el imaginario maldito. No está el mundo para himnos ingenuos, pero tampoco hay por qué hundirse en la melancolía negra o en la nada. Resulta atractiva la búsqueda de una melancolía tan precavida como optimista.

El campo cultural suele condensar en sus polémicas algunas tensiones que parecen una cuestión superficial de estilos o modas literarias, pero que encierran un debate ideológico. De manera consciente o inconsciente, es inevitable que la literatura se llene de espesor en sus maneras de relacionarse con el lenguaje y de entender la vida.

El desprecio a Galdós, por ejemplo, tan cacareado por algunos escritores en la España de la Transición, pretendió identificar la modernidad con la despolitización de las obras literarias. Pensemos en las reflexiones que un brillante Juan Benet condensó en su libro *La inspiración y el estilo* (1966). La creatividad poética era capaz de superar los argumentos históricos más razonables y conseguir una verosimilitud emocional gracias al estilo. La tarea de un escritor consistía, pues, en buscar un estilo capaz de superar el valor de los hechos. Escribe Benet:

> Desde ese punto de vista, repito, el resultado del estilo coincide con el esfuerzo del escritor por superar el interés de los hechos en sí; de forma que cuanto mayor sea el interés histórico más difícil será su labor, por cuanto toda su carrera debe cifrarse en la superación de aquél y en la liberación de su arte del dictado fáctico. En el otro extremo de la escala el escritor se convencerá pronto de que, en cuanto logre hacer interesante lo banal, lo cotidiano y lo antihistórico, contará con un artificio válido por sí mismo que sabe prescindir, sin pignorar su atractivo, de las facilidades que ofrece la historia.

Benet hace en su libro una inteligente lectura de Zorrilla, al que defiende de «unos cuantos críticos que para presumir de severos y actuales se creen en la necesidad de menospreciarle». Cuatro años después cayó él en la misma severidad despreciativa respecto a Pérez Galdós, dejándose llevar por una dinámica que, frente a la narrativa social, estaba reivindicando la autonomía del estilo como signo de modernidad. En un sonado artículo, «Reflexiones sobre Galdós» (1970), confesaba que don Benito carecía para él de interés alguno porque no contaba con «un lenguaje bello» y «su imaginación era litográfica». Deslumbrado por el realismo francés, según Benet, el autor de *Fortunata y Jacinta* sólo «se propuso una especie de levantamiento catastral de la sociedad de su tiempo». Auguraba un mal futuro para su prestigio literario en las nuevas condiciones de la literatura española: «El escritor joven nada tiene que aprender de él». En efecto, no tardaron los discípulos de Benet en reivindicar la importancia del estilo frente al *dictado sociológico*.

Un modo de vivir la Transición fue celebrar la modernidad como el desprecio a Pérez Galdós, el alejamiento de la política y la admiración de las modas llegadas de Europa sin olor a subdesarrollo español. Pero hubo otra manera de vivir un tiempo de palabras en transición: negarse a este concepto de la modernidad y reivindicar, frente al estilo amanerado de los dialectos artísticos, el sentido del relato como un ejercicio de mirada histórica. Fue el caso de Rafael Chirbes.

La primera novela de Chirbes, *Mimoun* (1988), cuenta la historia de un aspirante a escritor que huye a Marruecos para separarse de una experiencia dolorosa de fracaso. Consigue escribir, salir del pozo de miseria ética y hedonismo trucado que supone la marginación autocompasiva. Es un buen prólogo a la propia perspectiva de Rafael Chirbes como narrador. Escribió a partir de ahí una obra literaria no identificada con la marginación, sino con la disidencia. Su mirada sobre la realidad española supuso un cuestionamiento del relato oficial de la Transición y una denuncia de la juventud progresista que jugó a revolucionaria y pasó después, en los años de gobierno de Felipe González, a instalarse en la celebración neoliberal de una modernidad confundida con la especulación y el negocio.

Esta perspectiva significaba, por supuesto, no sólo el testimonio de una memoria personal, sino el diálogo con una tradición literaria muy precisa: Benito Pérez Galdós, Max Aub, Juan Marsé y Vázquez Montalbán. La lectura consciente de esta tradición se recogió en un volumen de ensayos titulado *Por cuenta propia. Leer y escribir* (Anagrama, 2010), en el que adquiere un protagonismo especial el artículo «La hora de otros (Reivindicación de Galdós)». ¿Una hora distinta para la narrativa y para Galdós? En un libro anterior, *El novelista perplejo* (Anagrama, 2002), había fijado su posición contraria al paradigma del estilo frente a la historia argumentado por Benet. Según Chirbes:

> Detrás de una supuesta normativa literaria se ejercía una criba ideológica: se primaba un modo de entender la escritura como brillante fruto de ingenios superiores —su producción tanto como su consumo— que se ajustaba al proyecto social y político de la normalización, en nombre de la cual se alejaba del circuito de calidad a todo aquello que se separase de ese vaporoso canon que tenía que ver más con una intuición que con un código.

Hay otro ensayo en este volumen que me parece también decisivo para entender el mundo estético de Chirbes: «La resurrección de la carne», una reflexión sobre el *Retrato de George Dyer en un espejo* de Francis Bacon. A lo largo de novelas como *En la lucha final* (1991), *La buena letra* (1992), *Los disparos del cazador* (1994), *La larga marcha* (1996), *La caída de Madrid* (2000), *Los viejos amigos* (2003) y *Crematorio* (2007), Rafael Chirbes escribió la historia de unas vidas, con su pertenencia de clase, sus sueños y sus tentaciones, situadas en una mutación, el paso de un país subdesarrollado a un país de capitalismo avanzado, en el que muchas personas dejaron de ser ellas mismas o envejecieron conscientes de que, al ser leales a su historia, se borraban como seres de un mundo perdido.

Esta perspectiva literaria necesitaba un soporte teórico frente al relato oficial de la historia. En el artículo «La resurrección de la carne» hay un compromiso artístico con el cuerpo, la realidad física, la conciencia de la debilidad y la miseria que suele esconderse tras la pintura abstracta. Recuerdo estas frases de *La caída de Madrid*, que no tienen que ver sólo con una meditación filosófica, sino con el testimonio de la enfermedad y la existencia: «El hombre tiene que acostumbrarse a vivir con la mierda. Es más, sólo se entiende al hombre conviviendo con la mierda, porque la mierda forma parte de él, es parte de él, desde que está envuelto en los pañales, y entre los pañales y él hay mierda, y dentro de él, qué hay, mierda».

Quizá la novela en la que mejor condensa Chirbes la vida privada y pública de la Transición en España es *La buena letra*. Una mujer anciana le escribe a su hijo una carta para justificar por qué no quiere vender la casa en la que ha vivido. Desde luego el tiempo está obligado a pasar: «Todo parecía que iba a durar siempre, y todo se ha ido deprisa, sin dejar nada. Las sábanas que se le han echado a perder a tu mujer eran las que usé en la noche de mi boda». Pero lo desgarrador no es ver cómo pasa el tiempo, sino descubrir cómo pasa la historia y cómo nos degrada. Su hijo y su sobrina quieren vender la casa donde la familia resistió de manera cotidiana las miserias de la dictadura. Ella y su marido han soportado los conflictos de la derrota, el deterioro, el progreso y la dignidad. Ahora la nueva generación necesita vender la casa para especular con el terreno. La mujer comprende entonces hasta el fondo algo que había advertido ya en el comportamiento de una cuñada: la buena letra es el disfraz de la mentira.

La poesía fue para mí esa casa que no debía venderse a la especulación de la modernidad consumista, el olvido, la buena letra del culturalismo y la despolitización. Empezar a escribir a finales de los setenta en España suponía —insisto, para mí— buscar una tradición que me salvase de la poesía novísima (desde el venecianismo hasta el malditismo) y de su desprecio por Antonio Machado (un maestro de escuela) o por la poesía española de posguerra. Machado, Cernuda, Alberti, Blas de Otero, Ángel González, Gil de Biedma... fueron mi tradición europeísta para actuar sobre la mutación antropológica de los sentimientos en el capitalismo avanzado. Era la muerte de las luciérnagas, la mutación señalada por Pasolini.

Pero no creo que sea éste el momento para hablar de las aspiraciones de mi poesía. Prefiero cerrar aquí mi meditación con un poema que le gustó a Rafael Chirbes. Él acababa de publicar *Los viejos amigos*. El poema se titula «Nochevieja (1940, 1970, 2000)» y pertenece a mi libro *La intimidad de la serpiente* (2003):

*A Joaquín,
y pongamos que hablo de nosotros.*

La serpiente que mordió a tu padre
ciñe hoy la corona.
                               SHAKESPEARE

La ciudad sospechaba de sí misma.

Al volver la cabeza,
el invierno de entonces
sorprendía en la calle la fuga del invierno,
los ojos de los puentes vigilaban el río,
las mesas a las mesas,
el pasado al pasado,
y las palabras iban
midiendo sus palabras

por las enfermedades de los cuartos,
como madres que temen a la tuberculosis.

¿Quiénes somos nosotros?, preguntaba la nieve
hasta quedarse en blanco
y demostrar que los tejados eran
una interrogación sin horizontes,
una inquietud de llaves
que han perdido sus puertas.
El aposento de los humillados
pertenece a las órdenes del humo.
No viven en la paz, tampoco en la derrota,
tal vez entre las alas del insecto
que se quemó en la luz,
al comprender, urgido por la muerte,
que la verdad es un lugar vacío
pisado por el miedo y por los vencedores.

También estaba el mar, pero no quiso
salir de las botellas de aguardiente.
Cuando la noche del invierno
puso el mantel y colocó las sillas,
fingiendo la intención
de recibir un año
exactamente igual al que dejaba,
cayeron las canciones
como una herencia suprimida,
porque no se abrazaron solamente
los que estaban allí,
metidos en la piel de cada casa.

Los que estaban allí no estaban solos.

También bajó una estrella
herida con las puntas de los nombres borrados,
y se quedó en silencio

para escuchar los ruidos de las habitaciones.
Alguien sube. Tal vez una amenaza
o tal vez un hermano que volvió de las sombras.

Era el año de mil novecientos cuarenta,
y llegó como siempre, con doce campanadas,
aunque un viento de hambre y de banderas
ya le había pedido
la documentación.

En aquel universo de soldados de plomo,
el mundo daba vueltas
—con una lentitud de canción oxidada—
a la Puerta del Sol,
mientras que en los relojes
las lluvias de un abril inevitable
se llevaron la nieve de las horas vacías,
extraña nieve negra donde cuajó el silencio.

Otro aire
empezaba a limar las uñas de la luz.

Y el caso es que los humos de diciembre
ya no marcaron sólo el destino de España,
sino también mi historia,
el rumor del presente y del pasado
que corre como el agua por mis ojos,
el agua que lavaba,
el agua de los ríos y de las lavadoras,
el agua que cumplió
esas sustituciones del recuerdo
que primero se llaman la victoria
y más tarde la vida.

Hay manteles más limpios en la mesa,
y en la calle los coches

que vienen de Alemania o Barcelona,
y en los labios palabras
que cuelgan de otra luz y de otra música,
igual que los adornos navideños,
para encender la rueda de los días,
aquello que se siente y que se dice
con el mar en la copa
por la celebración del oleaje
y de los años nuevos.

Las cenizas vivían
como lobos cansados en el televisor.
Allí estaban los himnos,
los santos y el Caudillo,
tras su mundo imperial de la espada y la bruma,
enfermos y apoyados
en la fragilidad de una madera inútil.
Por un momento rotos, pareció
que se habían quedado sin país.

Porque la libertad
era una forma de sabiduría
y el amor una fecha sin anillo
desde los horizontes a los labios.
Casi una historia trágica,
con un final feliz.

Aquel sueño vivió
lo que duran las noches sorprendidas
entre la dignidad de la pobreza
y el precavido corazón del lujo.

Salimos al balcón. Las doce campanadas,
espuma limpia de cristales rotos,
cayeron a las plazas de los años setenta.

¿Qué empezaba a romperse?
Más que el espejo sucio de las comisarías
y las salas de espera,
en el que se arreglaron sus trajes de domingo
las pobres gentes de la dictadura.
Mucho más que el silencio,
el cristo de la alcoba,
las fotos de familia numerosa
y el orden de los hijos
que deben ir a la universidad.

Mucho más... He llegado a saberlo
al contemplar la luz de los amaneceres
en los ojos de un cisne
con mirada de hiena.

Y la serpiente que mordió a mi padre
hoy ciñe la corona.
No la serpiente del jardín que tuvo
el árbol de la vida y la sabiduría,
sino la que acechaba en la vegetación
de las felicidades y los números,
para infectar el tiempo
hasta paralizarlo.

Sólo la realidad
necesita en sus días y en sus noches
la ley menesterosa de la imaginación.
Por eso quien intenta suprimir
las imaginaciones
debe privarnos de la realidad.
Y nos hemos quedado sin mentiras,
al existir, más bellos y más rubios,
en un mundo de pura inexistencia.

Gaviotas a la orilla de los ríos,
que se contentan con el agua dulce
y no preguntan por el año nuevo.

Porque la nieve
jamás es inocente,
y la nada tampoco,
la nada sucia
que cubre los jardines y las mantelerías,
aunque no se deshiele,
aunque borre las cúpulas y las conversaciones,
debajo de su amparo,
aunque deje ciudades y deseos
hundidos en las plumas de las águilas.

Rueda la libertad
por un mundo que fue deshabitado.
Son las doce en el viento
de las verdades frías. El servicio,
que retiró la mesa y preparó las uvas,
nos ofrece en un plato la voz de las campanas.

¿A quién puede dañar la perfección del viento?
Difícil preguntarlo
con palabras que sienten más vergüenza que amor
y tapan su desnudo sin mirarse a los ojos.

Difíciles violetas,
si lo que tuvo ayer no busca la mañana.

2

¿Y si hablamos de verdad?
Empiezo por lo conocido, por lo muy conocido. Este empezar por lo muy conocido tiene que ver con el asunto sobre el que quiero meditar y con la perspectiva de una vo-

luntad restauradora. Por otra parte, las ideas y sentimientos sobre el compromiso político de un poeta con la sociedad son inseparables de la vinculación con el hoy. Saber de qué hablo supone saber desde dónde hablo.

Lo muy conocido se refiere al inicio de un libro que está en la raíz de mi formación poética. Se trata de la escena inicial de un conjunto de meditaciones de Antonio Machado: *Juan de Mairena. Sentencias, donaires, apuntes y recuerdos de un profesor apócrifo* (Espasa-Calpe, 1936). Pensar de verdad es ni más ni menos que pensar sobre la verdad. Como se sabe, Agamenón y su porquero discrepaban sobre el sentido de la palabra *verdad*.

Si ha habido una voluntad persistente en el pensar contemporáneo, es la inevitable sospecha sobre la Verdad. Esta sospecha parece el fundamento de la crítica a la ley, a la institucionalización del saber, a la literatura que aspira a la ilusión de comunicar emociones o al Estado. El malestar que podemos sentir ante un concepto como el de posverdad no radica sólo en la santificación de la mentira impudorosa a la que se han acostumbrado muchos políticos, sino en la nostalgia intelectual que esconde. Al admitir que vivimos después de la verdad, concedemos que la Verdad existió alguna vez como forma de gobierno o pensamiento al margen de las varas de medir o de los bastones de mando. Como advierte la filósofa Marina Garcés en su libro *Nueva ilustración radical* (Anagrama, 2017), la posverdad, si utilizamos el vocabulario de Zygmunt Bauman, es un concepto retrotópico «porque parecería que la verdad es lo que hemos dejado atrás, en un pasado mejor. No hay más o menos verdad en el pasado».

Marx, Nietzsche, Freud, Foucault, Jameson, el feminismo, el pensamiento anticolonial y los estudios culturales nos han enseñado que la Verdad es el altar de Agamenón, un mecanismo malvado de control, una santificación del poder. La puesta en duda de la Verdad que más me conmueve está en las memorias de Louis Althusser, *El porvenir es largo* (Destino, 1992). Se puso a escribirlas porque había estrangulado a su mujer en un ataque de locura, la justicia asumió el «no ha lugar» de un proceso penal por razones psiquiátricas y Althusser no había podido explicarse. Empezó a escribir para romper la condena de silencio y dar su propia versión de los hechos después de la muerte de Hélène. La escritura suponía en realidad un juicio negado, su juicio, y una declaración judicial es un espacio en el que se debe decir la verdad, toda la verdad y nada más que la verdad. Sin embargo, escribió Althusser esta reflexión: «Garantía de la Verdad. La Verdad sólo está ahí para garantizar en última instancia el orden establecido de las cosas y de las relaciones morales y políticas entre los hombres».

Ese sentirse obligado a decir la verdad en un espacio de verdad para confesar que la verdad es una trampa representa un buen ejemplo del callejón sin salida en el que vivimos en un tipo de sociedad que, como afirma Marina Garcés, ya no vive en la conciencia de la posmodernidad, sino en la aceptación de lo póstumo. Nuestro pensamiento ha querido ser tan lúcido y tan descreído que nos ha separado del mundo y nos ha encerrado en un despacho. ¿Nos ha separado del mundo? Confieso que muchas veces me he visto en la calle, por fortuna en la calle, participando en manifestaciones a favor de los derechos humanos y en nombre de las víctimas de las dictaduras y de las democracias. Las aguas del Mediterráneo demuestran con sus ahogados que las democracias europeas moribundas también matan. He llevado pancartas que exigían en voz alta «verdad, justicia y reparación». Y claro..., me preguntaba, si no creo en la Verdad, ni en la ley, ¿qué hago yo aquí? Por fortuna, digo, bajo el mandato de la sospecha perpetua, siempre hubo inclinaciones que me sacaron del despacho y me pusieron en la calle. Una de esas inclinaciones es la solidaridad y la necesidad de participar en la política para articular las luchas contra la injusticia. Otra inclinación, quizá la primera por su carácter vocacional, es la poesía. La verdad, como escribió Machado, también se inventa, existe como forma decisiva en calidad de invento. La Verdad es uno de esos inventos que se hacen verdad. Regreso a Machado porque me formé en su estirpe de poeta cívico en la España de los años setenta y ochenta, dispuesto a no ser un estilista ni un maldito, sino un ciudadano que acudía a su trabajo, pagaba con su dinero sus gastos y escribía versos en diálogo consigo mismo y por amor a los otros. En el cantar XLVI de *Nuevas canciones* expuso una vez más sus sospechas sobre la Verdad:

> Se miente más de la cuenta
> por falta de fantasía:
> también la verdad se inventa.

Pero esta sospecha sobre la verdad no se convierte en una invitación a la renuncia, sino en una apuesta de búsqueda compartida y de acuerdo. En el cantar LXXXV, el poeta dialoga así con el otro para definir su propio yo:

> ¿Tu verdad? No, la Verdad,
> y ven conmigo a buscarla.
> La tuya, guárdatela.

La falta de dogma no supone inexistencia. La Verdad de Agamenón no es admisible, pero una verdad como motivo de búsqueda, una verdad vigilante con la propia identidad y con la propia credulidad, una verdad entendida como acuerdo, como creación, no como esencia, es un camino que merece la pena ser tenido en cuenta. Desde el punto de vista del lenguaje y el estilo literario, esta idea puso a Antonio Machado en la calle. Como escribió en otro apunte muy conocido de *Juan de Mairena,* su poesía no se identifica con la formulación de «Los eventos consuetudinarios que acontecen en la rúa», sino con «Lo que pasa en la calle».

Empiezo pues por acogerme a lo muy conocido, porque esta meditación quiere ser restauradora. Voy a reivindicar valores tan indigentes —por usar ahora el vocabulario de Heidegger— como el de la verdad, la ley, el saber institucional y la voluntad literaria del intercambio de emociones en un lenguaje común. Lo haré con una melancolía optimista, con una ilusión precavida, porque nunca he podido olvidar la presencia de Agamenón en la sombra de mis palabras, pero tampoco he querido nunca renunciar a mi deseo de dialogar e intervenir en el mundo, fuera de las paredes lúcidas de los despachos especializados y del vocabulario gremial de los poetas. ¿Qué puedo escribir, hacer con mis palabras en el mundo en el que vivo para dar respuesta a la grave degradación democrática que sufrimos? La violación de los derechos humanos y el imperio de la mentira no pueden aceptarse como normalidad. La indigencia de la Verdad no es excusa para asumir un mundo que no carece de injusticias y acata sin pudor el espectáculo de la Mentira. La sensación de impotencia ante la catástrofe exige un nuevo esfuerzo de entusiasmo. Tal vez se trata de meditar una vuelta al orden como ejercicio consciente de contrapoder.

O se trata de legitimar el deseo separándolo de sus avaricias. ¿Se puede mantener el deseo sujeto de un ala? Respondo que sí. Creo saber que no es lo mismo un amante que un violador.

¿De qué mundo hablamos al hablar de nosotros como artistas y pensadores? Pues de un mundo en el que el ser analfabeto resulta motivo de orgullo. Las sociedades de consumo y el capitalismo avanzado cultivan la miseria cultural. Es una tendencia que deteriora los valores de la sociedad democrática. Se trata de un mecanismo paradójico que están utilizando con mucha eficacia los poderes reaccionarios en su propio beneficio. Llaman a la participación del pueblo para diluir su representación en el griterío y para borrar su conciencia de clase o, más concretamente, para separar su conciencia de clase de la conciencia cívica, en un proceso que renuncia a los valores humanos y democráticos en la defensa de un interés particular. De este modo, un millonario se transforma en líder de una regeneración o una causa popular confunde las opciones del dinero con el malestar de sus víctimas.

Siempre hubo personas sin estudios. Pero las culturas tradicionales han sido durante siglos una herencia capaz de educar en comunidad. Las relaciones con la vida, el amor, la muerte, la memoria y el futuro dependían de un saber experimentado por los mayores, un saber con voluntad de entrar en las ilusiones y los miedos de los jóvenes. Había, claro, códigos de poder, pero también un tiempo de vida lento y útil para sedimentar la experiencia de los necesitados, de las víctimas de la riqueza ajena. Si se piensa bien, los estudios y los libros son una parte más del relato de la comunidad, una ampliación de la experiencia de los iletrados. En este sentido, el elitismo no sólo es una indecencia democrática, sino una incomprensión del sedimento que sostiene la creatividad del arte y del estudio.

Pero la socialización que hoy lleva a cabo la telebasura y el tono vertiginoso de la actualidad en los medios de comunicación liquidan este sostén cultural de las tradiciones. El empobrecimiento de la experiencia, por utilizar ahora una famosa expresión de Walter Benjamin, acentúa su lado oscuro y conduce la posible rebeldía a un lugar descentrado que tiene poco que ver con la conciencia cívica o con la sabiduría del resistente. Si la dinámica real de las nuevas estrategias de socialización depende sin filtros del imperio del dinero, la lógica sentimental impuesta se define por el narcisismo y los bajos instintos. Sólo así se explica la impudorosa exposición de las miserias privadas en los espacios públicos. Y sólo así podemos entender también un nuevo fenómeno: el orgullo de ser analfabeto. La sospecha que se proyecta hoy en la política, la democracia, el Estado, los funcionarios y los sindicatos alcanza también al saber y a la cultura. ¿Qué me va a arreglar un político o qué me va a enseñar un sabio? A mí ya no me engañan. El narcisismo suele buscar una respuesta única en la indignación. Que a los nuevos y viejos sabios de la sospecha les den la razón las masas gobernadas por millonarios (en Estados Unidos, en Francia, en Chequia) es un motivo para sospechar sobre la cultura de la sospecha y su intención final.

Las evidentes insuficiencias de un sistema que maltrata a las mayorías en beneficio de las élites no invitan en el vértigo actual a su corrección, al arreglo de los problemas, sino a una negación general de lo establecido. El debate de la actualidad prefiere entenderse con las causas en vez de con los valores y las normas. La causa aquí no tiene que ver con la meditación sobre los orígenes de un problema o sobre la lentitud de un acto jurídico, sino con el resplandor de una bandera que nos moviliza. Es la noticia de actualidad que nos afecta y pide inmediatez. Con una lógica propia de la telebasura, el vértigo de los bajos instintos sustituye al diálogo y lo desborda con escenas propicias al rumor, la calumnia, los escándalos efímeros y los gritos. La ley del más fuerte se disfraza para consolidar su rumbo con las banderas de la ruptura, la novedad y la determinación tajante. Como el cliente siempre tiene razón, se le pierde el miedo al mal y el respeto a las leyes. Y perder el respeto a las leyes significa tanto no cumplirlas como dejar que se pudran vacías de legitimidad.

Hace unos años el jurista Luigi Ferrajoli advirtió en su libro *Poderes salvajes* (Trotta, 2011) de los peligros que supone la sustitución de la democracia constitucional por la democracia plebiscitaria. El fenómeno también fue analizado por Giorgio Agamben en su libro *Estado de excepción* (Pre-Textos, 2004), al denunciar que la suspensión transitoria de la legalidad se estaba convirtiendo en una norma de las sociedades modernas a la hora de relacionarse con la vida. Esto, según el filósofo italiano, nos sitúa en un «umbral de indeterminación entre democracia y absolutismo».

La dinámica de aceleración provocada por el capitalismo a la hora de buscar beneficios cada vez más rápidos establece las reglas del juego en la política y en la cultura. Esta ley de la velocidad es una nueva versión de la ley del más fuerte. La gente que se mueve por escándalos efímeros, por causas que invaden una actualidad atropellada, no resiste la lentitud de la ley y de la organización política tradicional. Prefiere dejarse llevar por la agilidad espectacular del líder carismático. La fuerza del espectáculo reside en la misma raíz de esta aceleración: sólo existe mientras sucede, juega con la borradura de la memoria, permite prometer sin cumplir y mentir sin responsabilizarse de los hechos. Los datos son sustituidos por el clamor de opiniones surgidas en un segundo.

Se trata de un fenómeno propio de la sociedad actual que puede darse bajo el disfraz del narcotráfico, el resurgimiento nacionalista de la extrema derecha, el autoritarismo religioso, las aspiraciones independentistas de los territorios ricos frente a los más pobres o las demagogias de los líderes carismáticos que llegan a sustituir el vacío dejado por el descrédito de la política y la justicia. Como es lógico en esta sacralización del instante particular, aunque todos los movimientos condensen características comunes en una sociedad globalizada, los vive cada sociedad como una particularidad nacional. Las historias concretas matizan los fenómenos atmosféricos de una tormenta general.

La figura de Donald Trump representa bien las características y el alcance de esta realidad. Desde luego que Hillary Clinton no era un horizonte sin grietas, pero el orgullo del analfabetismo no ha sabido cambiar el agua sucia del barreño sin arrojar el cuerpo de la dignidad democrática por la ventana. El mal se ha sustituido por lo peor: fanatismo, machismo, prepotencia, mentira y todo tipo de enfermedades contempladas por el infierno civil. No es un caso aislado. En Europa, la extrema derecha se olvida de la catástrofe que encarnó Hitler y vuelve con fuerza al Parlamento alemán.

La gravedad de la situación y la experiencia histórica que ha marcado el pensamiento negativo y la literatura alunada desde la crisis romántica de la Ilustración no parecen aconsejar la respuesta del orgullo, la reafirmación del elitismo como vía útil para enfrentarse al orgullo contrario: el analfabetismo.

Es verdad que el populismo de los votantes de Trump, por ejemplo, marca un proceso corrosivo. Empuja a la gente hacia la indignación y le da protagonismo a costa de desarticular su representación política y borrar su conciencia cívica. Pero si queremos analizar lo que está ocurriendo en nuestro mundo resulta también necesario advertir que hay un sentido común, responsable, culto, orgulloso de su elitismo intelectual, que pierde al mismo tiempo su conciencia cívica para definir como valor democrático absoluto aquello que se adapta a sus posibilidades económicas o a sus apetencias sentimentales.

Tengamos algo en cuenta: la gente soporta razones para estar indignada, muy indignada. El populismo furioso (la mansedumbre furiosa) es inseparable del capitalismo autoritario. Y no me refiero ya a la deriva de personajes como Trump o Marine Le Pen, sino a unas reglas de juego anteriores, la lógica neoliberal que provoca una desigualdad cada vez más grave y un vacío sentimental condenado a escudarse en la agresividad del *nosotros* contra los *otros*.

No hace falta profundizar mucho para saber que vivimos en un mundo global que borró las fronteras de los Estados en nombre del capital especulativo. Pero no generó al mismo tiempo un nuevo tejido de control democrático capaz de velar por los intereses de las mayorías sociales. Esto se relaciona de forma íntima con cambios de carácter cultural. La nueva realidad es cosmopolita de manera inevitable debido no ya a unos inmigrantes aislados, sino a amplios movimientos migratorios y a los códigos de las nuevas redes de comunicación. Cuando la inseguridad económica de la avaricia capitalista impide una cultura de los derechos humanos y del diálogo, el multiculturalismo se convierte en una amenaza para nuestras pertenencias, ya sean unos puestos de trabajo, ya sea una identidad nacional.

El sociólogo Heinrich Geiselberger convocó una meditación colectiva sobre la realidad invivible del mundo que habitamos. Abundan las cuestiones que provocan preguntas y necesitan respuestas. Los resultados se han publicado en *El gran retroceso* (Seix Barral, 2017), un libro en el que colaboran, entre otros, Santiago Alba Rico, Zygmunt Bauman, Nancy Fraser, Marina Garcés, Donatella della Porta, César Rendueles, Bruno Latour o Slavoj Žižek. Todos observan una realidad angustiada: cada vez son más los lugares del mundo en los que se rompe o ya no existe el Estado. La globalización económica no ha permitido la correspondiente legalidad institucional de un control democrático. El mercado libre y el neoliberalismo galopante han generado desigualdades y miedos graves, justificados, cercanos, que las democracias tradicionales no están en condiciones de solucionar. Se ha extendido el cultivo de las identidades locales, la xenofobia, el racismo y la fe ciega o transitoria en los demagogos.

No se puede olvidar que hay situaciones concretas de explotación que convierten en un admirable ejercicio de conciencia política o en un lujo de clases medias la defensa de los valores humanos fundamentales. Es importante no ignorar esto, así como también no desatender la verdad que encierran algunos síntomas. Cuando un obrero francés odia a un marroquí por robarle su calidad de vida, no sólo evidencia un sentimiento racista. Nos está diciendo además otras cosas: el bienestar capitalista es insostenible en el mundo que vivimos, el planeta no da para mucho más, resulta imposible regresar al bienestar anterior, la riqueza de unos sale de la explotación descarnada de otros.

La crisis económica europea y el neoliberalismo desbocado sólo han democratizado la pobreza. De un primer mundo que iba a entrar en el Tercer Mundo para solucionar la miseria, hemos pasado a un Tercer Mundo que ha entrado en el primero con todo su testimonio de dolor e impotencia. Ahora se ve a las claras el monstruo de la explotación, la impiedad del desamparo y el hambre. La educada y sensata prudencia de los hombres de Estado pierde todo el crédito porque las secuelas de su democracia formal y su explotación económica están ahí, en el propio barrio, en las puertas de los colegios, los puestos de trabajo, los insomnios, los amores y las enfermedades.

A Zygmunt Bauman le pido prestadas dos preguntas que se dirigen a la gente en carrera: ¿de dónde te estás escapando? y ¿hacia dónde vas con tanta prisa? A Slavoj Žižek le acepto un consejo muy oportuno: la urgencia de la situación presente no debería de ninguna manera servir de excusa. La urgencia es el momento de pensar. Son preguntas y experiencias del tiempo que yo he vivido en la poesía. Y también desde la poesía, con mi experiencia de lector y de escritor que ha vivido los sucesivos espectáculos del malditismo y las vanguardias, me identifico con una observación de César Rendueles. Va por un camino semejante a la búsqueda de la ilustración radical que nos pide Marina Garcés desde la condición póstuma. Escribe Rendueles:

> Los movimientos populares más vigorosos de todo el mundo son aquellos que han entendido lo radical que puede llegar a ser la reivindicación de la normalidad. Intentar llevar una vida más o menos convencional, formar una familia, tener la oportunidad de vivir en el barrio donde naciste, estudiar aquello para lo que tienes vocación, confiar en las instituciones públicas y tener la oportunidad de participar en ellas... Todo ello obliga a cambiar de arriba abajo el mundo que conocemos.

Desde mi punto de vista, no se trata de alejarse del conflicto. El joven poeta de herencia comunista que yo era cuando publiqué en 1993 el ensayo «¿Por qué no sirve para nada la poesía? (Observaciones en defensa de una poesía para los seres normales)» no intentaba alejarse del conflicto, sino dar una respuesta conflictiva, desde el patrimonio del lenguaje común al desmantelamiento del Estado de la ideología neoliberal y a la mutación sentimental que la sociedad de consumo y el capitalismo avanzado habían favorecido en España al sustituir la solidaridad de la pobreza por la prepotencia del lujo. Buena parte de la agitación provocada por la crisis económica que vivimos desde 2008 se debe, más que a una verdadera rebeldía política, a la indignación de los consumidores al perder la aceleración de su deseo caníbal.

No me interesa reivindicar la inutilidad frente a la utilidad, el esteticismo frente a la zafiedad, los márgenes frente al gobierno, sino el poder de rebeldía y la desobediencia que pueden hacerse reales con una idea distinta de las palabras en común, el orden y las instituciones. A los orígenes ilustrados de la modernidad, en ese momento luminoso anterior a la deriva de la razón crítica en la avaricia capitalista, les debo una idea de libertad que no se limita a añorar energías individuales y que está dispuesta a confiar en los marcos sociales de convivencia. Esos marcos son en realidad los que permiten la realización libre de las personas. Quien olvida la dimensión social de la libertad acaba con la libertad real. Una ley social que ampare, por ejemplo, el matrimonio entre personas del mismo sexo o que favorezca la igualdad de género en los ámbitos públicos y privados resultará más decisiva que cualquier poética de los márgenes. El orgullo de los solitarios está bien como estrategia de resistencia, pero es muy pobre como ideal de vida.

Contra la peligrosa deriva del orgullo de los analfabetos y frente a la mezquina hipocresía de las élites orgullosas de su sensatez no tenemos más defensa que un marco legal de derechos humanos y de valores sociales capaz de amparar no sólo nuestra libertad, sino también nuestra dignidad como personas. La situación es demasiado grave como para aceptar la desconfianza como ideal de vida. Porque la desconfianza (el todos son iguales, el nada se puede hacer, el estamos solos ante el peligro, el no existe un saber que dé razón de la vida) es el argumento que nos ha acostumbrado al murmullo inmóvil de una muerte aceptada e inevitable.

Existe un modo de contar la rutina que nos inhabilita como conciencias críticas. Lo explica así el filósofo Emilio Lledó en el libro de conversaciones *Dar razón:*

Ya que hablo de monstruosidades que estamos viviendo en nuestro tiempo, se me plantea un gran interrogante sobre lo que sucede con las grandes masas de refugiados tratando de llegar a países más prósperos y tranquilos donde poder ganarse la vida y, antes incluso, preservarla. Y no sólo me refiero al problema del mal y su génesis, sino a la incomprensible paradoja que se da en su tratamiento informativo: nos bombardean con imágenes impactantes, de pateras en el mar o de hileras humanas que en condiciones míseras se mueven en sus particulares éxodos, pero rara vez se ofrecen estudios y análisis de las causas y los causantes. Parecen complementarse la machacona superficialidad en el regodeo de los medios en algunas escenas, crueles y dramáticas en verdad, o los abrumadores números de miles y millones de expatriados errantes con la ausencia de profundidad en la investigación y el desvelamiento de los auténticos motivos que están provocando ese crimen. La sociedad de la información parece volcada en urdir una lacrimosa reacción de los espectadores o receptores a base de titulares y fotografías estremecedoras mientras enmascara, sospecho que interesadamente, el muy perverso trasfondo de esa tragedia multitudinaria que vacía países.

No se trata de olvidarnos del Agamenón que se esconde en la Verdad, no se trata de llamar al viejo orden patriarcal y autoritario en su saber, pero la mejor respuesta que se me ocurre frente a lo que Lledó llama una democracia oligárquica es el aprovechamiento de todo el equipaje del pensamiento crítico para intentar devolverle la confianza a una ilusión democrática. Necesitamos confiar en el jurista capaz de defender la aplicación de las leyes justas o el cambio de las leyes que no hacen justicia a la dignidad de una nueva ciudadanía. Necesitamos confiar en el periodista independiente que vigila el poder de los líderes carismáticos y que no se deja arrastrar por sus mentiras o por los intereses de las grandes fortunas a la hora de informar sobre los acontecimientos. No se pueden confundir los datos de la realidad con las opiniones interesadas. Y no se trata de poseer la Verdad con mayúsculas, sino de la voluntad de no mentir. Y necesitamos también al intelectual capaz de defender las humanidades no como una nostalgia, sino como la búsqueda de una perspectiva humana imprescindible hoy para darle sentido democrático al saber desbordado de las ciencias y la técnica.

Esta idea de no creerse en posesión de la verdad, sino de vigilar las mentiras con el compromiso de no mentir, pertenece al ideal de buen periodista que defendió Albert Camus.

Vuelvo con frecuencia a Camus. El mundo que vivimos, el mundo que nos hace y nos deshace, me invita a recordar con frecuencia el discurso que escribió en diciembre de 1957 para aceptar y agradecer el Premio Nobel. Asumo aquí esta reflexión:

> Indudablemente, cada generación se cree destinada a rehacer el mundo. La mía sabe, sin embargo, que no podrá hacerlo. Pero su tarea es quizá mayor. Consiste en impedir que el mundo se deshaga. Heredera de una historia corrompida —en la que se mezclan las revoluciones fracasadas, las técnicas enloquecidas, los dioses muertos y las ideologías extenuadas; en la que poderes mediocres, que pueden hoy destruirlo todo, no saben convencer; en la que la inteligencia se humilla hasta ponerse al servicio del odio y de la opresión—, esa generación ha debido, en sí misma y a su alrededor, restaurar, partiendo de amargas inquietudes, un poco de lo que constituye la dignidad de vivir y de morir.

Empecé por lo muy conocido, por la escena machadiana del *Juan de Mairena,* porque mi meditación tiene una voluntad restauradora. Los momentos de quiebra se suceden, son una insistencia en el fluir de la historia. La necesidad de impedir que el mundo se deshaga cobra de nuevo actualidad en el vértigo de estos años en los que la soberanía democrática se degrada hasta límites insoportables, los medios de comunicación generan las opiniones que necesita el dinero para imponer su codicia, las realidades virtuales sustituyen en el discurso a la experiencia histórica de carne y hueso y los derechos humanos se pudren en las fronteras, invitándonos a ser diferentes, a distinguirnos del otro.

Pero hay algo que me conmueve, más allá de las semejanzas coyunturales, en esta tarea no de cambiar el mundo, sino de impedir que se rompa. El compromiso con lo anterior, la necesidad de resistir en épocas innobles, significa el reconocimiento de un diálogo generacional que deja fuera de lugar a los viejos cascarrabias (esos que opinan que los jóvenes son tontos) y a los jóvenes adánicos (esos que sienten que van a inventárselo todo porque no tienen nada que heredar de sus mayores, ni siquiera su experiencia del mal y del miedo). La dignidad de vivir y de morir necesita el diálogo con el pasado como restauración de una posible confianza en el futuro. Digo *posible* porque más vale que sólo nos movamos en el modesto terreno de las posibilidades. Oponerse al nihilismo sin caer en el dogma fue una de las mejores lecciones de Camus, partidario de las utopías modestas.

Creo que hay que insistir en la idea del diálogo generacional. La mercantilización de la sociedad ha convertido el tiempo en una mercancía que caduca. Es la dinámica del consumo que nos encierra en el presente, nos acostumbra a vivir entre desechos, borra la memoria y cancela cualquier compromiso con el futuro. Nos instala en el presente del consumo, en la lógica del vacío necesaria para que unas mercancías desaparezcan, dejen un hueco efímero para la presencia igualmente efímera de otra mercancía rápidamente sustituida después. El ser humano es también un objeto producido con caducidad calculada.

La sombra del fantasma es una buena metáfora del tipo de subjetividad que provocan las abstracciones de la economía especulativa. Puestos a pensar en el mundo, hay una imagen que crea costumbre. El individuo solitario, sin memoria y sin preocupación por el futuro, se limita a vivir en el instante. Se trata del tiempo mercantilizado propio de la sociedad de consumo, el tiempo de una subjetividad sin lejanías. Y la paradoja moderna es que este individuo, hecho puro presente, sólo puede tener una relación lejana con el mundo a través de realidades que le llegan por medio de las redes sociales. Si convivir en el diálogo supone que los individuos con memoria (vienen de lejos) compartan la cercanía del mundo (una interpelación de lo que está ahí), las nuevas formas de comunicación facilitan otra posibilidad: individuos sin memoria, sin lejanías, hablan y deciden sobre un mundo lejano y desconocido. Invitaciones a la inexistencia, estas dinámicas empujan a deshacerse en lo ya deshecho, a dejar de ser en la nada. Y no hay silencio, sino el ruido tumultuoso de la nada, retórica sin poesía, la acumulación de verdades no inventadas en común, sino asumidas en soledad. Supercherías que conforman a su antojo un yo que no es dueño de sí mismo. El súbdito de una democracia oligárquica.

La mercantilización del tiempo, el aislamiento del deseo en el acto efímero del consumo, supone lo contrario a la idea de tiempo narrativo que reconoció Martha C. Nussbaum en su libro *Justicia poética,* dedicado, ya lo vimos, a la imaginación literaria y la vida pública. En el relato de esa dimensión narrativa del tiempo, cuando la conciencia histórica vuelve a abrirse camino entre las realidades virtuales, es donde me atrevo a situar el deseo alternativo de una ilusión decente. La subjetividad que somos constituye una identidad narrativa, una historia, que habita los nudos del presente en negociación con los planteamientos del pasado y al calor de los desenlaces futuros. La narración constituye la historia frente a la nada del tiempo.

Repitámoslo una vez más: buena parte de la tarea política y cultural está destinada a medir, cortar, pespuntear, vestir o disfrazar la realidad. La conciencia de que la sociedad es una sastrería imperfecta nos ha hecho perder la confianza en muchas cosas, incluso en la verdad. Pero una vez repetido, observemos nuestra subjetividad y nuestra historia desde la conciencia histórica de nuestro presente. Por mucho que intentemos vestir la realidad, hay conflictos en los que esa realidad llega a desnudarnos. No existen soluciones fáciles, incluso uno termina por pensar que no existe solución. La única salida realista parece ser la aceptación del dolor. Incluso de la catástrofe.

Para negarse a la catástrofe, no queda otra alternativa que sentarse a hablar de verdad, sentarse a hablar sobre la verdad. Ese lema mezquino de que el fin justifica los medios (promesas de tierras prometidas que han llenado de hogueras la realidad transitoria del presente) no puede sustituirse por otro lema mezquino y mentiroso: son buenos los medios sin fin de la pura tecnocracia. No existen verdades esenciales, pero existen ilusiones sentidas como verdad. Pierre Bourdieu explicó en *Las reglas del arte* (Anagrama, 1995) que la *illusio,* sentida como adhesión al relato, es la premisa necesaria para que sean vividas de verdad las ficciones. En esta sastrería imperfecta y en rebajas que hoy es el mundo, con grandes colas en las puertas del negocio, gente apresurada para hacer su compra en situación de emergencia, ya no basta con decir que la verdad del relato está al servicio del poder. Habrá que buscar una verdad alternativa y transitoria, un relato y un poder que sirvan para devolverles la dignidad a la política y al ser humano. No debemos prescindir de la ilusión, no debemos normalizar la catástrofe.

Acabo con las palabras de un maestro íntimo, Ángel González. Si me atrevo a hablar desde el ámbito de la poesía es porque a mi historia personal y mi vocación se añade la realidad de una hospitalidad. Para que exista el hecho poético, ya lo apunté antes, no basta con la formulación de la palabra del poeta. Resulta necesario que esa palabra sea hospitalaria y pueda ser habitada, compartida por el otro. Las emociones literarias se convierten así en un acto verdadero. La literatura no es palabrería, puro lenguaje, porque pone en juego las emociones del lector. Si queremos hacer de la literatura y de la vida un compromiso público con la verdad de la gente, tal vez sea necesario enfrentarse al poder en el terreno de una verdad convertida en verosimilitud, de una legitimidad convertida en legalidad. La verdad no verosímil fracasa en el argumento literario tanto como la legitimidad no legal en la sociedad democrática. La libertad depende de la creación de un orden hospitalario. El poema de Ángel González con el que termino estas meditaciones escritas con melancolía optimista se titula «La verdad de la mentira» y pertenece al libro *Nada grave* (Visor, 2008), un título irónico, porque lo escribió mientras estaba muriéndose y lo dejó preparado para que se publicara con carácter póstumo:

> Al lector se le llenaron de pronto los ojos de lágrimas,
> y una voz cariñosa le susurró al oído:
> —¿Por qué lloras, si todo
> en ese libro es de mentira?
> Y él respondió:
>   —Lo sé;
> pero lo que yo siento es de verdad.

Devolverles su capacidad de emoción y de verdad a las leyes democráticas, consolidarlas frente a las causas de la indignación efímera, no quebrar los vínculos entre la dignidad del saber y la institución, ésas son las tareas que nos reclaman si queremos devolverle un crédito real a la palabra *futuro*. Los sueños necesitan convertirse en leyes para ser conquistas sociales.

IV. Diálogos con Juan de Mairena

1

Me acostumbré en mi juventud a leer a Antonio Machado cuando debía decidir alguna cosa de importancia. He vuelto ahora a buscar estas palabras puestas en boca de Juan de Mairena: «La política, señores, es una actividad importantísima... Yo no os aconsejaré nunca el apoliticismo, sino, en último término, el desdeño de la política mala que hacen trepadores y cucañistas, sin otro propósito que el de obtener ganancia y colocar parientes. Vosotros debéis hacer política, aunque otra cosa os digan los que pretenden hacerla sin vosotros, y, naturalmente, contra vosotros».

Aprendí a leer estas palabras para defenderme de los consejos asustados de mi madre y mi abuela cuando entré en contacto con la política en los años finales de la dictadura. No te metas en eso, vas a ser un desgraciado, te puede pasar algo. Más de cuarenta años después, el consejo tiene que ver con otro tipo de miedo. La cultura neoliberal, la que quiere tener las manos libres para tomar sus decisiones interesadas, ha conseguido que la política sea un ejercicio mal valorado. Mucha gente la identifica con la mentira, el sectarismo, la corrupción y el ámbito de las malas artes. Pobre amiga maltratada.

Para ser justos y estar vigilantes, es bueno reconocer que una parte notable de la mala prensa de la política se debe a esos trepadores y cucañistas que han buscado un modo rápido de obtener ganancias y colocar parientes. O se creían impunes o no tenían donde caerse vivos, que en muchas ocasiones llega a ser más duro que no tener donde caerse muerto.

Pero puestos a cuidar el idioma, merece la pena que una sociedad cuide la palabra *política,* porque es el gran invento de la civilización democrática para organizar la convivencia en libertad e igualdad. Si vigilante se debe estar ante los trepadores, más vigilancia merecen los que se creen puros por no haber pertenecido nunca a un partido o por no tener ideología. Quien piensa no tener ideología resulta siempre un cómplice natural de la ideología dominante, es decir, cómplice del poder dispuesto a sacrificar los valores humanos que una conciencia, sólo verdaderamente libre en sus compromisos, necesita defender.

La situación política española, dominada con descaro en los últimos años por la corrupción y el uso partidista de las instituciones, exige más que nunca del compromiso político. La nación necesita no sólo que se acabe la impunidad en el mal uso del dinero público, sino que se devuelva a la ciudadanía el ámbito de lo común. Las instituciones públicas no son patrimonio del partido en el gobierno, sino un espacio cívico que no debe ser empleado de manera sectaria.

Me gusta soñar con los ojos abiertos y con los pies en la tierra, otra lección de ese caminante cívico que fue Antonio Machado. Más que quimeras imposibles, busco rutas transitables para avanzar. Me parece que la ilusión vivida por la sociedad española progresista después de la moción de censura tiene motivos para sostenerse. Es un momento en el que se debe cuidar la palabra *política,* salvarla de los que pretenden despolitizarnos y definir con trampas la libertad de conciencia.

No me avergüenzo del compromiso político que he vivido en la izquierda durante muchos años, porque conozco a mucha gente que se ha dedicado de forma honesta a defender lo que creía más justo para la sociedad.

Confieso que, por memoria democrática, me merece la pena comprometerme como catedrático de filología, como poeta y como ciudadano acostumbrado a una manera de pensar la política que aprendí en Antonio Machado.

2

Cuando queremos ser sinceros, no está de más detenerse a pensar y decidir nuestra situación ante la verdad. No es una tarea fácil, porque vivimos en una época poco favorable a darse tiempo a sí misma y porque el concepto de verdad está muy desacreditado. La historia es larga, pero corta como un cuchillo. Lo sentía Ángel González.

El juramento supone una afirmación de perpetuidad. Las cosas son así y no de otro modo, deben borrarse las dudas, los quizás y el depende. No resulta extraño si recordamos que la afirmación del juramento pone a Dios o a sus criaturas como testigos. La promesa, al contrario, es un acto más bien humano, sin vocación de dogma ni de esencia inmutable. La persona que promete asume la voluntad de darse a alguien o adquiere la obligación de hacer algo. Aunque las palabras se las lleve luego el viento, su toma de postura ante la verdad es diferente a la que retumba en las bóvedas del juramento.

La verdad es que da miedo ser devotos de la verdad. Antonio Machado explicó su larga sombra de una forma precisa al abrir su *Juan de Mairena:* «La verdad es la verdad, dígala Agamenón o su porquero. Agamenón: "Conforme". El porquero: "No me convence"». La verdad de Agamenón sirve para legitimar la esclavitud de su porquero. Ése ha sido el gran eje del pensamiento contemporáneo con Marx, Freud, Nietzsche, el feminismo, la deconstrucción o la mirada anticolonial. La cultura de la sospecha resulta más que razonable.

Pero la soberbia de la sospecha, mientras alimenta la necesaria conciencia crítica, puede caer en la tentación de olvidarse de la creatividad: una voluntad de darse para procurar alternativas. Me temo que en esa corriente navegamos. El neoliberalismo radical transforma la libertad individual en la ley del más fuerte y la conciencia crítica en el desprestigio de cualquier promesa, ilusión o compromiso colectivo. El cinismo del todo da igual salta con mucha agilidad a la orilla del nada tiene arreglo, una forma de dejar a Agamenón y al porquero en su lugar perpetuo.

El regeneracionismo de Joaquín Costa se encarnó en la famosa consigna «escuela, despensa y doble llave al sepulcro del Cid». Le debo muchas horas de estudio y alegría a Michel Foucault, pero cada vez siento más la necesidad de decirme o de prometerme para mi uso diario un deseo de «escuela, despensa y doble llave al sepulcro de Foucault». La épica de los antisistema se ha convertido en una buena aliada de los que necesitan liquidar el prestigio de las instituciones públicas y los bienes comunes para desregular el Estado. Los bufones del nuevo Agamenón se visten con los andrajos de la antiverdad.

El mundo anda mal, no es bueno ni justo, y todas las noches la luna se mancha de sangre y se escucha aullar al lobo del vacío. No es extraño que nazcan ahora, y desde muy diversas perspectivas, voces que reclaman un nuevo protagonismo de la verdad buscando viejas alianzas con el saber filosófico, los credos religiosos o las identidades nacionales. Todas ellas quieren excluir a la verdad de las curvas y los hitos del relato humano. Cuando el viento sopla fuerte, los pies cambian sus zapatos por raíces en el deseo de arraigarse. El problema es que aceptar la verdad del juramento implica cerrar con ingenuidad y peligro los conflictos del vivir y del pensar. El no me convence del porquero machadiano es un equipaje imprescindible para regresar al compromiso de las promesas.

El mundo tecnológico ha alimentado con sus aceleraciones y sus borraduras de la memoria la cultura de la posverdad: demagogia que funda realidades falsas, palabras de las que no se responsabiliza nadie debido al torbellino de lo efímero. Una alternativa ética pasa por aceptar las grietas de las esencias para defender verdades modestas, sin las mayúsculas de la perpetuidad, con las que merezca la pena comprometerse. Albert Camus sabía, quiero insistir en ello, que la tarea del intelectual no es creerse en posesión de la verdad, sino comprometerse a no mentir. Sus verdades se hacen al andar, como el camino machadiano. Son verdades colectivas, acordadas y ambiciosas, un verdadero compromiso con el ser de las cosas, aunque se sostengan en el diálogo, en el aprendizaje de la escucha, en la palabra del otro. Quizá sea ése el modo de prometernos a nosotros mismos una nueva relación con las mayúsculas.

Antonio Machado escribió con mayúsculas la palabra *Verdad* cuando propuso su búsqueda como una experiencia compartida.

3

Para empezar a ser un yo bueno o un nosotros bueno necesitamos la ayuda de nadie, la conciencia sentimental de ser un don Nadie. El ser humano se hace a través de una experiencia, de una educación, que puede conducirlo a la bondad o pervertir sus corazones, esos que se hacen y se deshacen a lo largo de una misma vida. De ahí que convenga ponerse sobre aviso, crecer hacia fuera y hacia dentro, saber que acabaremos relacionándonos con el mundo de forma parecida a aquella con la que hemos aprendido a relacionarnos con nosotros mismos.

En mi diálogo con Antonio Machado, o con Juan de Mairena, recuerdo hoy estas palabras: «Sed modestos: yo os aconsejo la modestia, o, por mejor decir: yo os aconsejo un orgullo modesto, que es lo español y lo cristiano. Recordad el proverbio de Castilla: *Nadie es más que nadie*. Esto quiere decir cuánto es difícil aventajarse a todos, porque, por mucho que un hombre valga, nunca tendrá valor más alto que el de ser hombre».

Machado nos permite, así como si nada, meternos en todo. Después de leerlo y citarlo se deben pronunciar con cautela palabras como *ciudadanía, pasaporte, frontera, política, ley* y *extranjería*. Con frecuencia se nota que don Antonio fue por tradición familiar discípulo de la Institución

Libre de Enseñanza y de Francisco Giner de los Ríos. Juan Ramón Jiménez también recibió la herencia de Giner y de la Institución. Cuando visitó por primera vez Nueva York, admirado ante la modernidad de los rascacielos, sintió que en el espectáculo de lo alto y lo ancho era peligroso olvidarse de crecer por dentro.

En cuanto uno se descuida, los pliegues íntimos de la conciencia se llenan de alambradas con púas dispuestas a sangrarnos. Y esto es un problema serio en un mundo lleno de descuideros dispuestos a robarnos lo mejor de nosotros mismos.

Cuando murió Giner de los Ríos, en febrero de 1915, Antonio Machado era un orgulloso y modesto profesor de francés en el Instituto de Baeza. Allí escribió un emocionante elogio del maestro. Definió toda su filosofía y su vocación pedagógica en dos versos: «Sed buenos y no más, sed lo que he sido / entre vosotros: alma».

Se trata de ser buenos, nada más y nada menos, en la conciencia de que nadie es más que nadie, o de que detrás de un yo bueno o un nosotros bueno está la memoria de que somos unos don nadie, porque por mucho que un ser humano concreto valga, con su pasaporte y su carta de ciudadanía, nunca tendrá valor más alto que el de ser humano.

En medio de todas las sutilezas y las complejidades sociales, vivimos un mundo político en el que el dilema principal, nuestro ser o no ser democrático, se sitúa en la bondad. Los movimientos migratorios se producen en un escenario marcado por las desigualdades y los desamparos que ha generado otra vez la avaricia neoliberal. Hacerse rico puede ser difícil, pero sale muy barato en una realidad en la que el Estado pierde su fuerza equilibradora. La vida global nos conmueve en sus catástrofes, porque son un espectáculo terrible, pero no genera identidades y sentimientos de pertenencia que inviten a la solidaridad.

Resulta más normal que los de abajo, los desamparados por su propia gente, miren con miedo la llegada del extranjero. El desprecio al otro no sólo es una reacción frente al que desea sobrevivir en un mundo de necesidades y competencias, sino una excusa para sentir que formamos parte de una identidad, un nosotros, aunque ese nosotros tienda a maltratarnos en la vida diaria. Nada mejor que un negro para consolidar la pertenencia a un mundo blanco.

La situación social es muy difícil, vivimos una hora de descomposición que van a utilizar los descuideros para robarnos la bondad. Es un tiempo de Herodes. Algunas consignas políticas, falseando cifras y manipulando los problemas reales, son verdaderas fábricas de malas personas, almas que no se conmueven ni siquiera con la muerte, esa realidad trágica que nos hermana a todos los humanos en la conciencia de que no somos nadie.

La poesía no procura un acto de ingenuidad, sino de conciencia. Cuando uno escribe y cuenta su vida, aprende que el yo biográfico es distinto del personaje literario. El poema sólo funciona cuando es habitado por el otro; y el personaje literario, al quitar anécdotas biográficas, permite que el lector de un poema de amor no piense en la novia o el novio del poeta, sino en su propio amor, en el ser con el que siente y consiente. Escribir supone un acto de hospitalidad que nos hace mejores, porque nos obliga a descubrir lo que hay de los demás en nosotros mismos. Uno empieza utilizando una máscara, pero poco a poco, en los buenos poetas, el yo biográfico se va pareciendo al personaje literario, confundiéndose, complementándose, como llegaron a complementarse Antonio Machado y Juan de Mairena.

Contra el vendaval de la maldad, hay que buscar la bondad. Si empezamos a representarla, es muy posible que acabemos por sentirla, por asumir la bondad. Ésa es la tarea de la educación y de las leyes, obligarnos a representar, a respetar valores ajenos, hasta que la costumbre los hace nuestros. Primera lección: por mucho que un ser humano valga, nunca tendrá valor más alto que el de ser humano.

4

Consejo de Maquiavelo: No conviene irritar al enemigo.

Consejo que olvidó Maquiavelo: Procura que tu enemigo nunca tenga razón.

Juan de Mairena acudió a la memoria de Maquiavelo para hablar con sus alumnos sobre la acción política de tendencia progresista en España. Acostumbrado a la prepotencia de los señoritos, dispuestos siempre a considerar el país como una propiedad particular, juzgaba oportuno avisar de las cóleras desatadas por el corazón reaccionario, más testicular que pensativo, cada vez que sentía amenazados sus privilegios seculares. Las iluminaciones del demagogo de taberna tienen su compañero de furias en el rencor del mandarín que ve peligrar su trono.

La convivencia democrática necesita respetar las normas, el tono, las fuentes y los jardines de las plazas públicas. El espacio público es connatural a la libertad de los individuos que comprenden lo que significa haber nacido en una sociedad y en una lengua materna, dos herencias que no pueden utilizarse como una propiedad privada. El ser individual que nos constituye tiene una dimensión colectiva no sólo inevitable, sino afortunada, para las personas que se toman en serio palabras como *amor, verdad, bondad* y *poesía*.

Cada cual sabe sus pasiones, sus caprichos y sus intereses, pero salir a lo público supone un esfuerzo por educarse, dialogar, llegar a acuerdos. Sentir la inquietud del conocimiento y la opinión. No debe olvidarse esta inquietud del conocimiento y la opinión en el juego democrático, porque son palabras mayores que merecen respeto y cuidados. La ciudadanía exige igualdad de derechos, pero no debe confundir el valor del conocimiento con la opinión. Sería muy temerario que un enfermo se pusiese a discutir de medicina con un médico, aunque el médico hará bien en escuchar con atención al enfermo cuando habla de su cuerpo y sus dolores.

Esta inquietud entre el conocedor, que medita lo que opina la gente desde su propia experiencia, y el opinante, que se interesa por los que han estudiado en profundidad una ciencia, una historia o un conflicto, podría ser el suelo de la llamada opinión pública, un acuerdo mayoritario en el que las opiniones y el conocimiento buscan un equilibrio a la hora de presentarse en sociedad. Lo público no es una suma de voces individuales, sino la configuración de un contrato para la convivencia.

La opinión pública, como las instituciones públicas, se edifica como bien común. Entre el elitismo del sabio y la voluntad democrática de igualdad, levantamos las instituciones como punto de encuentro capaz de prevenir tanto la tecnocracia exclusiva como el fanatismo sin escrúpulos.

Machado prevenía en 1934 de una situación que no resulta extraña a la sociedad de hoy. Aunque uno se empeñe en no tratar a nadie como enemigo y en darle agua a cualquiera que tenga sed, la temperatura de las redes sociales, que empapan con demasiada frecuencia los medios de comunicación más reaccionarios, tiende a corromper el agua y a convertir la opinión en cloaca. No ya el conocimiento, sino el derecho sagrado a la opinión, se humilla en una catarata de calumnias, mentiras programadas, insultos, realidades virtuales y desprecios. El orgullo del analfabeto se funde en los sumideros con la mala educación de los bravucones, felices de que les rían las gracias los cinco descerebrados que apuran en manada el mal olor de las alcantarillas.

Una sociedad que confunde la opinión pública con las cloacas pone las cosas muy cuesta arriba a los esfuerzos del conocimiento, el respeto a la opinión y la fraternidad democrática.

Para evitar que las calles y las plazas se conviertan en un vertedero propicio a las ratas, resulta imprescindible recordar los dos consejos machadianos. Importa ser prudente, prever las reacciones del enemigo y cuidar las apariencias tanto como los propósitos. Estas botas de pasos prudentes son un equipaje decisivo para quien está dispuesto a no quedarse quieto. Pero, sobre todo, importa entender el consejo que se le olvidó a Maquiavelo: que el enemigo nunca tenga razón.

El problema grave de la cloaca es que nos empuja a perderle el respeto a la opinión pública, nos acostumbra al cinismo del espectáculo de un mundo amotinado, nos envuelve en el humo de las mentiras y puede hacer que perdamos el sentido de nuestra propia verdad. El primer objetivo de los malvados es convertirnos en uno de ellos.

5

—Dadme cretinos optimistas —decía un político a Juan de Mairena—, porque ya estoy hasta los pelos del pesimismo de nuestros sabios. Sin optimismo no vamos a ninguna parte.

—¿Y qué diría usted de un optimismo con sentido común?

—¡Ah, miel sobre hojuelas! Pero ya sabe usted lo difícil que es eso.

En este diálogo entre el famoso personaje de Antonio Machado y un político de su tiempo se dicen verdades a medias. El político tradicional quiere sin duda movilizar a su país y necesita gente optimista. Pero para él los necios dispuestos a comulgar con ruedas de molino son más útiles que las personas con lucidez deseosas de fijar un sentido común alternativo. Así que en su *miel sobre hojuelas* hay una trampa que amarga el significado.

También podríamos aplicarle la misma prevención a Mairena. Parece reivindicar el optimismo, pero utiliza el espejo de su político para insinuar que bajo la piel del entusiasta hay un engañado. De ahí los juegos con nuestro estado de ánimo cuando decimos que un optimista es un pesimista mal informado o que un pesimista es un optimista inteligente. Este ir y venir, tan propio de ese escéptico bienintencionado que fue Juan de Mairena, o de ese ser receloso y buscador de esperanzas que se llamó Antonio Machado, merece una reflexión en el mundo de hoy.

Desde hace tiempo escribo sobre palabras como *verdad, bondad, política, hospitalidad, libertad, conocimiento* y *opinión*. Mis consideraciones no invitan a un consuelo inocente, sino a un conflicto. Hablar de bondad no supone dividir el mundo entre buenos y malos, sino responsabilizarnos de nuestros propios actos cada vez que actuamos o de nuestras palabras cuando opinamos. Hablar de verdad no supone la ingenuidad de apostar por una evidencia sin fisuras con vocación de dogma. La historia nos tiene muy avisados: los buenos son con frecuencia una amenaza cumplida en los relatos contados por los vencedores, y el sentido común puede legitimar con un peso de siglos las costumbres más injustas.

Volver a las palabras originales de la democracia para asumir sus conflictos, no sus falsos consuelos, me parece un buen camino en un momento en el que el pensamiento reaccionario impone políticas de odio y miedo como mecanismo de captación de voluntades. No es que haya primeros síntomas, es que las enfermedades del racismo y las identidades totalitarias vuelven a ser un griterío cadavérico en Europa. Por eso creo conveniente acentuar la reflexión ética sobre nuestras actitudes, y para ello nada mejor que reconocer que la ilusión democrática se cimenta en una serie de antinomias que nos hacen responsables últimos de nuestras decisiones. Quien nos lo quiere dar todo hecho nos engaña con sus certezas.

El concepto de ciudadanía nació para hacernos iguales ante la ley. Un ciudadano es una abstracción, alguien que borra su identidad particular para igualarse con los demás. Todos somos iguales ante la ley. ¿Todos somos iguales? ¿Todas? Abrir el interrogatorio nos recuerda en el mundo de las abstracciones que existe identidad, es decir, la historia hecha individuo. Los ricos, los pobres, los hombres, las mujeres, los blancos, los negros, los gitanos, los homosexuales, los heterosexuales, ¿somos iguales ante la ley y la sociedad de la que depende nuestra ley? No se trata de negar el valor de una abstracción racional que busca la igualdad, pero tampoco debe negarse la existencia de identidades en el relato social. De ahí que sea necesario aceptar el conflicto, la antinomia entre dos principios que entran en contradicción, para responsabilizarnos éticamente de los equilibrios, los desequilibrios y las decisiones.

El optimismo con sentido común que propongo al hablar de bondad y verdad en democracia no pretende una resolución ingenua de los problemas en nombre de la condición humana; pero sí intenta afirmar que los seres humanos con convicciones democráticas estamos en condiciones de dar la batalla ante los que quieren imponer un pesimismo irracional basado en el odio, las consignas del miedo y el falseamiento de las estadísticas y los hechos.

¿De qué estoy hablando, señor Martínez?, preguntaría ahora Juan de Mairena a uno de sus alumnos para centrar el tema de la clase. Quizá el señor Martínez, avispado, podría contestar que estaba hablando de los políticos que quieren pesimistas cretinos para sembrar a la vez odio y votos. Y quizá Mairena seguiría entonces meditando sobre aquellos líderes que nos hacen peores personas para solucionar con proclamas totalitarias la antinomia en la que descansa el concepto de ciudadanía.

6

Hay un poema de Ángel González, titulado «Camposanto en Colliure», en el que se cuenta una visita a la tumba de Antonio Machado. Era plena posguerra, pero ya había síntomas del desarrollismo desequilibrado de los años sesenta. El turismo, las primeras industrias fijadas en el norte y los inmigrantes que salían a Europa desde las zonas más pobres de España empezaban a mover dinero y a rescatar a la nación de la extrema pobreza. «Pasan trenes, nocturnos, subrepticios, / rebosantes de humana mercancía», escribió Ángel.

A nosotros no nos resultará difícil comparar la humana mercancía de los emigrantes españoles de los años sesenta con algunas declaraciones políticas que identifican los barcos repletos de personas como cargamentos de carne humana. Pero a Ángel González aquel movimiento de fronteras le recordaba entonces el final de la guerra: una multitudinaria emigración política que salía de su país para evitar la muerte. Ante la tumba de Machado, escribió: «Se paga con la muerte / o con la vida, / pero se paga siempre una derrota».

Bien sabía el poeta asturiano que la vida puede ser una condena. La ejecución de su hermano mayor en la Guerra Civil fue una desgracia mortal, pero seguir con vida supuso también una condena para él, su madre y sus hermanos.

La figura del caudillo Francisco Franco representa un caso muy llamativo en el siglo XX. Lo peor, como explicó la filósofa María Zambrano, no fue que pusiese en marcha un golpe de Estado contra la democracia española, sino que después de fracasar no dudase en vender su país a Hitler y Mussolini, a la Alemania nazi y la Italia fascista, para desatar una guerra y conseguir el poder a cambio de convertir a España y a sus habitantes en un campo de pruebas del exterminio bélico.

Esa crueldad traicionera se convirtió en guía de vida cuando conservó la furia represiva durante los años largos de su dictadura. España dejó de ser un país normal cuando se mantuvo el franquismo después de la Segunda Guerra Mundial. Que una figura histórica como Franco no esté enterrada en una tumba familiar, sino en un lugar de Estado, es una de las mayores infamias que ha tenido que soportar por unas razones o por otras la democracia española.

Cuando oigo a alguien defender a Franco o poner problemas para la exhumación de sus restos me acuerdo de una travesura de Juan de Mairena, autor de la tragedia *Padre y verdugo,* dedicada con simpatía a Jack el Destripador. «¡Qué padre tan cariñoso pierde el mundo!» Esto exclama Jack momentos antes de ser ahorcado. El drama trágico fue abucheado porque el público no estaba en condiciones de comprender la intención de Mairena. Confieso que yo tampoco alcanzo a comprender a nadie, de ningún partido democrático, ni de la derecha ni de la izquierda, que pueda oponerse a que los huesos de un dictador tan cruel pasen a la memoria íntima de su familia y dejen de ocupar un espacio de Estado, después de ochenta años de su victoria y de cuarenta y tres de su muerte.

En el poema «El Dios íbero», Antonio Machado escribió: «ni el pasado ha muerto, / ni está el mañana —ni el ayer— escrito». Eso de confundir el cierre de las heridas con el olvido es una de las mayores sinrazones que pueden arrojarse sobre la vida pública y los sentimientos privados. La sacralización y la impunidad de la injusticia es tan corrosiva como el negarse a vivir el duelo de nuestros muertos hasta alcanzar una convivencia en la serenidad de la memoria. El futuro de una democracia, los caminos que hace al andar, depende de la manera que tenga de entender su pasado.

Francisco Ayala escribió al final de la Guerra Civil un «Diálogo de los muertos». Recuerda mucho al discurso de Azaña «Paz, piedad, perdón». Después de la contienda, todas las víctimas se ponen a hablar bajo tierra y meditan sobre los motivos de aquella violencia. Pero ese diálogo era imposible mientras las víctimas fuesen confundidas con los verdugos. La tumba de Luis Cernuda está en México, testimonio de su exilio y de su desprecio por los vencedores. La tumba de María Lejárraga está en Buenos Aires, testimonio de las injusticias del olvido. La tumba de Pedro Salinas contempla el mar de Puerto Rico. La tumba de García Lorca es un extenso campo de exterminio en el que se ejecutó, entre Víznar y Alfacar, a más de dos mil quinientos granadinos.

Cada vez que he ido a visitar todas estas tumbas, igual que ante la de Machado, he sentido vergüenza de que Francisco Franco estuviese enterrado en el Valle de los Caídos. Escribo esto para decirles a mis muertos que parece que las cosas se van a arreglar, que esta vez sí, que su casa, su verdadera casa, estará en poco tiempo sosegada.

7

Entre las batallas internas, las guerras sucias y la crispación, nuestra política se convierte en un gato al que se le ha olvidado cazar ratones. Hacer arañazos no es lo mismo que cazar. La política se comporta como un gato doméstico que araña las piernas o los brazos de sus amos, pero no sabe defender la casa de roedores.

Hay muchos gritos, se venden o filtran noticias para desacreditar a los compañeros, se tejen calumnias para desprestigiar al contrario, se sustituyen los argumentos por los desprecios, se falsean los datos, se tensa el ambiente. Nunca ha estado la política a salvo de la guerra sucia, pero la aceleración del tiempo y las multiplicaciones tecnológicas han disparado el tono de la crispación.

Cuando a un político de la vieja escuela española se le acusaba de corrupción, solía caer en el triste recurso del y tú más. Esa estrategia está hoy multiplicada por el vértigo de las malas argucias, mensajes torcidos y mentiras que agitan el ambiente. Se confunde la capacidad de liderazgo con el arte tuitero de insultar y mentir. Todo va tan rápido que nadie se siente responsable de lo que dice, porque nadie tiene que dar la cara por lo que afirmó ayer. El vértigo es un anonimato, una disolución de lo público en el ruido, un vaciado de la propia conciencia.

Los poetas dejan su propia alma en lo que dicen, dan la cara en cada palabra. Quizá sea una exageración como norma de conducta, pero no estaría mal que la política se preocupase por pensar de otro modo su relación con el lenguaje.

Asustados por la irrupción de los totalitarismos en el siglo XX, no siempre hemos recordado que esos totalitarismos surgieron en el interior de la cultura democrática, cuando las élites liberales del siglo XIX se vieron superadas por el protagonismo social de las masas. La extensión justa de los derechos democráticos y la educación de la sociedad se vio asaltada por la manipulación obscena y la pérdida de conciencia individual. Del interior de la democracia, en países que forman parte decisiva de nuestra cultura política, vuelven a salir personajes demagogos capaces de humillar los derechos humanos y civiles.

Estamos en un momento difícil, muy difícil. Y hay todavía quien oculta el problema llevando el argumento del y tú más a las discusiones internacionales. En vez de defender los valores democráticos comunes e irrenunciables, se traban discusiones entre Franco, Hitler y Stalin, o entre Trump, Salvini, Ortega o Maduro.

El vertedero de la crispación se lanza siempre en busca del contrario, pero al final acaba manchando a todo el mundo con un descrédito general de la política y la convivencia. Quien provoca la crispación se ensucia tanto como su víctima y acaba limitando mucho su capacidad de hacer Estado. Mientras unos y otros se arañan, el gato pierde la habilidad de cazar ratones, de mantener fuera de la casa a los que trabajan por avaricia propia contra la igualdad, la libertad social y la fraternidad. Y la libertad no puede confundirse con la ley del más fuerte, porque en democracia ser libre es vivir en un marco que permita la convivencia y la realización individual en condiciones de igualdad.

Por poner un ejemplo: una sociedad libre no es una sociedad que deja de pagar impuestos de manera proporcional y justa según los ingresos de cada persona o de cada negocio. Nada es más democrático que un buen sistema fiscal.

Llevados los impuestos a la retórica política, a la responsabilidad de colaborar en la vida de una comunidad, recuerdo una frase de Juan de Mairena, el profesor machadiano: «Si se tratase de construir una casa, de nada nos aprovecharía que supiéramos tirarnos correctamente los ladrillos a la cabeza. Acaso tampoco, si se tratara de gobernar a un pueblo, nos serviría de mucho una retórica con espolones».

Siempre es mejor el diálogo que el rifirrafe de las mascaradas políticas. Pero hay momentos en los que el diálogo y el acuerdo son una responsabilidad ineludible. Estamos en la frontera. Europa puede mantenerse como un territorio capaz de trabajar con buena melancolía por la democracia social o puede derivar hacia nuevas formas de totalitarismo y menosprecio de los derechos humanos. Dialogar, salirse de la crispación y la calumnia, llegar a acuerdos es una exigencia para los que quieren evitar que la avaricia de los privilegiados tenga las manos libres para empujarnos a todos hacia la barbarie.

8

Antonio Machado era un escéptico con creencias. Por eso dio vida a Juan de Mairena, un personaje capaz de dudar hasta de las propias dudas. Cuando se dirigía a sus alumnos, reconocía que intentaba enseñar lo que pudiese ser más fecundo para ellos, pero confesaba que él mismo no era más que «un alma siempre en borrador, llena de tachones, de vacilaciones y de arrepentimientos».

Acostumbrado a lidiar con la duda y la angustia, comprendió pronto el peligro de confundir un escepticismo ético, dispuesto a cuestionar los dogmas, con el cinismo del que practica esa forma de complicidad con la injusticia que suele llamarse *relativismo*. Todo da igual, nada tiene importancia, quien defiende valores es un buenista o un ingenuo. El escéptico con creencias que era Juan de Mairena cultivaba algunas precauciones: «Los hombres que están siempre de vuelta en todas las cosas son los que no han ido nunca a ninguna parte. Porque ya es mucho ir; volver, ¡nadie ha vuelto!».

Este diálogo con la duda, que es al mismo tiempo una estrategia de defensa contra el egoísmo y un diálogo con las verdades de los demás, ha sido una voluntad muy fecunda en el ejercicio intelectual. La experiencia enseña que hasta las mayores inteligencias pueden acabar comulgando con ruedas de molino y que las personas más puras están en peligro de caer en manos del mal absoluto por seguir el criterio único de su pureza firme. De ahí que sea conveniente compaginar el escepticismo con las creencias y la fe con la duda.

En su libro *Sobre la educación* (Taurus, 2018), Emilio Lledó recupera como columnas sustentadoras las tres preguntas que Kant formuló en la *Crítica de la razón pura:* qué puedo saber, qué debo hacer y qué he de esperar. En efecto, son columnas decisivas en la búsqueda difícil de la verdad con la que están comprometidos todos los seres humanos en sus vidas. Una buena educación demuestra sobre todo que un poeta, un intelectual, un científico, un artesano, un profesor o un médico representan en su tarea algo que todo el mundo lleva dentro de sí. Igual que todo el mundo lleva en su equipaje la posibilidad de una locura o una canallada.

Saber qué se puede esperar debe tomarse muy en serio en el mundo que vivimos, y no sólo por las razones del pesimismo o las artimañas del cínico, sino porque la realidad acelerada en la que vivimos nos está dejando sin el tiempo de la espera, ese tiempo necesario para que la tierra germine, la uva se haga vino o las personas se eduquen y consigan que la cultura forme parte de ellas. Más que nunca, merece respeto lo que cuesta tiempo. También es importante unir el qué puedo saber con el qué debo hacer, para no separar la indagación en la verdad y la exigencia ética. La palabra *progreso* se llena de peligro cuando la sabiduría se vuelve como una serpiente contra la dignidad humana.

Si para un poeta o un filósofo es imprescindible la precaución de un escepticismo con creencias, para un político resultan obligados los principios con capacidad de poner los pies en el suelo o, porque viene a ser casi lo mismo, el realismo con capacidad de volar en dirección a unos principios. En su tarea de tomar decisiones para resolver problemas, la pregunta sobre el qué debo hacer es un diálogo continuo entre los principios y la realidad. Explicar y explicarse las complejidades de la decisión es más conveniente que dejar que las realidades se queden sin principios o que los principios se desentiendan de la realidad. Rectificar es de sabios cuando uno está equivocado. Aceptando este pensamiento, conviene añadir que en la política esa sabiduría implica otro matiz importante: reconocer que la propia verdad puede provocar en un momento determinado más problemas que remedios.

Escribir poemas no es casi nunca buscar consuelos, sino asumir de lleno los conflictos, las complejidades, el reino de las dudas, las dos caras de una moneda, las antinomias, las contradicciones, como única forma honesta de hablar sobre la verdad y sus dificultades. El poema es bueno cuando uno consigue darse explicaciones, explicar por qué es decente llevarse a uno mismo la contraria en un momento determinado. El amor y la política son dos ejercicios de responsabilidad que deben alejarse de los dogmas y del cinismo.

Todo menos mentir. Y tampoco vale escudarse en las medias verdades. Recordemos el proverbio de Machado:

> ¿Dijiste media verdad?
> Dirán que mientes dos veces
> si dices la otra mitad.

9

Buena parte de la poesía contemporánea fundó sus cimientos en el respeto a la sabiduría del pueblo. El amor popular que llevaron a la literatura poetas como García Lorca y Alberti tenía antecedentes claros en su maestro Antonio Machado. Descendiente de Demófilo, muchas veces acudió en su prosa y su verso a las complicidades de lo popular. Los años vividos en una Restauración fundada en el descrédito de las instituciones políticas exigían buscar en los sedimentos de la vida real un consuelo ante las mentiras oficiales.

Las intervenciones de Juan de Mairena ante los alumnos no dudaban al elevar el tono en este sentido:

> Es muy posible que, entre nosotros, el saber universitario no pueda competir con el *folklore*, con el saber popular. El pueblo sabe más, y sobre todo, mejor que nosotros. El hombre que sabe hacer algo de un modo perfecto —un zapato, un sombrero, una guitarra, un ladrillo— no es nunca un trabajador inconsciente, que ajusta su labor a viejas fórmulas y recetas, sino un artista que pone toda su alma en cada momento de su trabajo.

Ya en los años de la Guerra Civil, en la revista *Hora de España,* Machado publicó una carta a David Vigodsky en la que volvía a declarar su amor al pueblo:

> En España lo mejor es el pueblo. Por eso la heroica y abnegada defensa de Madrid, que ha asombrado al mundo, a mí me conmueve, pero no me sorprende. Siempre ha sido lo mismo. En los trances duros, los señoritos —nuestros *barinas*— invocan la patria y la venden; el pueblo no la nombra siquiera, pero la compra con su sangre y la salva. En España, no hay modo de ser persona bien nacida sin amar al pueblo. La demofilia es entre nosotros un deber elementalísimo de gratitud.

De don Antonio podemos heredar con honestidad su sospecha ante las banderitas sonoras, la brújula que lo llevó a ponerse del lado de los más débiles en cualquier conflicto y el respeto al trabajo bien hecho. La vocación profesional fue un ámbito imprescindible para la formación de una conciencia cívica comprometida con la sociedad. Lo que no sé es si hoy estamos legitimados para confiar en lo popular como sedimento y refugio ante la crispación, las mentiras, la demagogia y la falta de escrúpulos de algunos líderes capaces de vender a su madre por un puñado de votos en el espectáculo ruidoso de la política. La tristeza es que esos líderes tienen rebaños.

El poder ha conseguido que el rencor de sus víctimas se ponga a su servicio.

El cultivo de la telebasura y los mundos virtuales han sustituido el sedimento vital de la experiencia que se condensaba en el folklore. Los códigos del consumo han devorado la decencia solidaria de los pobres, de la gente explotada por la injusticia. Ahora fluye una dinámica de clientes insatisfechos en sus demandas. Y, además, las degradaciones laborales, el deterioro de la dignidad del trabajo en favor de los empleos baratos, impiden esa aspiración al bien hacer y a la sabiduría artesanal de la que hablaba Machado.

¿En qué nos están convirtiendo? Cuando las cloacas potencian la crispación y la suciedad, se genera en las redes sociales y en las conversaciones una complacencia mezquina con el insulto, la calumnia y la falta de respeto. Parece que las audiencias aumentan cuando en una tertulia política toman la palabra determinados personajes que no conocen la decencia profesional y se dedican a colaborar con mafiosos y empresarios sin escrúpulos. No se trata de que sean periodistas de izquierdas, de derechas o de centro: son personas sin decencia que manchan las cabeceras periodísticas. Los directores que aceptan a estos indecentes se comportan también de manera indecente.

¿Soluciones? Creo que no están en el marco gubernamental, sino en el tejido cívico. El poder corruptor de la mentira no puede combatirse con la falta de libertad. La represión es capaz de dejar sin palabra a un sinvergüenza, pero a costa de abrir otros espacios a la mentira y la injusticia con el sacrificio de la conciencia crítica. Por eso no veo otra salida que la exigencia de la propia responsabilidad profesional de los periodistas. Que su oficio no se convierta en un vertedero es un reto imprescindible para la democracia, es decir, para una sociedad en la que la convivencia dependa de la verdad y de la libertad.

Ahora que nos están convirtiendo a todos en cloaca, quizá sea ingenuo llamar a la decencia profesional. Pero que tengamos la realidad en contra no es un argumento definitivo para olvidarnos de nosotros mismos.

Epílogo
Unas pocas palabras verdaderas

Más que racionales, los humanos somos seres de costumbres. Por muy alto que vuele la capacidad de pensar, poca distancia recorre y poco sirve si las ideas pierden pie separadas de la tierra, o de la cocina, o de las calles de la ciudad. Vivimos en las costumbres y en las palabras porque son un puente entre la realidad y la abstracción, una forma de ser y de estar a la vez, *de ser estando*.

Pronuncio la palabra *desayuno* y entro en un orden simbólico de los seres humanos, pero al mismo tiempo aludo a mi costumbre particular de llegar a la cocina, hacerme un café, unas tostadas, un zumo de naranja, tomar un yogur de la nevera y encender el televisor para encontrarme, mientras consuelo mi cuerpo, con las noticias del mundo.

Ya se sabe: las noticias del mundo suelen ser un desconsuelo. Me entero de que una niña migrante ha muerto por deshidratación en un hospital de una frontera en Nuevo México. Llegó con su padre a través del desierto, la policía se hizo cargo de ella, no se preocupó de su estado y murió a las ocho horas de sed, delirio y agonía. Se le murió al Estado en las manos por no preocuparse de su estado.

Así empieza el día. La palabra *ciudadano* significó una elaboración racional e ilustrada para convertir a los seres humanos en sujetos de derecho y responsabilidad. La lexicógrafa María Moliner, que tuvo la buena idea de añadir los usos y costumbres a las definiciones demasiado abstractas, señaló que «a causa de esos deberes y derechos, la palabra lleva en sí o recibe mediante determinaciones una valoración moral y un contenido afectivo». La historia actual de la ciudadanía está rompiendo la hermandad entre las valoraciones morales y los contenidos afectivos de la ciudadanía. La realidad manda como necesidad frente al valor ético de los derechos humanos.

El mundo global ha internacionalizado las imágenes de la pobreza. Miles de personas cruzan los desiertos, desafían los mares, intentan salvar las fronteras para huir de la miseria y la violencia. Los países ricos, causantes en gran medida de la sed y el naufragio de los demás, cierran sus fronteras. Se parecen mucho a las élites económicas del neoliberalismo europeo y norteamericano. Acumulan fortunas con una avaricia desmedida, desarticulan las políticas fiscales y públicas para tener las manos libres en sus negocios y empobrecen a las mayorías sociales de sus países. Con los grandes medios de comunicación y las redes a su servicio, consiguen que estas mayorías empobrecidas busquen apoyo para su quiebra en una identidad cerrada. Necesitados de afecto para sí mismos, renuncian a los valores morales y consideran enemigos a los otros necesitados. Quien posee una manzana teme más al que no tiene ninguna que al que tiene nueve porque le ha robado cuatro.

La corrupción se santifica en el lenguaje cuando la mentira hace costumbre. La corrupción triunfa cuando consigue que llamemos *flexibilidad* a la liquidación de los derechos laborales o cuando los periódicos hablan de *armas inteligentes* o de *ilegales* ahogados en nuestras costas. La barbarie se consagra cuando la palabra *ciudadanía,* creada para dignificar nuestro amparo social, nuestros derechos y responsabilidades, separa su significado de la realidad de un ser humano, de una niña de siete años muerta por deshidratación en manos del Estado.

Resulta necesario actuar. El ser humano es racional y tiene costumbres porque es un ser de palabras. A través del lenguaje ha creado su conciencia, su relación con el mundo, su capacidad de imaginar. El lenguaje pasa de las palabras a los hechos. Para empezar a actuar, en nuestra cocina o en la calle, debemos recuperar las palabras rotas por los poderes salvajes, palabras como *política, democracia, amor, bondad, verdad, conciencia, progreso, soledad...* Necesitamos sacar las palabras y su tiempo del cubo de la basura del descrédito para que nuestros actos respondan a ellas y de ellas.

Necesitamos unas pocas palabras verdaderas. En *Soledades. Galerías. Otros poemas* (1907), Antonio Machado condensó su poética en seis versos:

> Tal vez la mano, en sueños,
> del sembrador de estrellas,
> hizo sonar la música olvidada
> como una nota de la lira inmensa,
> y la ola humilde a nuestros labios vino
> de unas pocas palabras verdaderas.

Machado respondía entonces a una poética simbolista de tradición romántica en la que los sentimientos inspirados podían alcanzar la música divina y la armonía del universo. Hoy, sin confianza en la inspiración y sin fe en la música divina, leo estos versos como un deseo de unir la verdad individual con las costumbres y los valores éticos de los Estados y las sociedades. Como una ola humilde, sin grandes mentiras utópicas que separen la historia de la vida, necesitamos en los labios unas pocas palabras verdaderas. Quizá así las estrellas de nuestras banderas recuperarían su decencia.

Este libro se terminó
de imprimir en
Casarrubuelos, Madrid,
en el mes de
octubre de 2024

«Para viajar lejos no hay mejor nave que un libro».
EMILY DICKINSON

Gracias por tu lectura de este libro.

En **penguinlibros.club** encontrarás las mejores recomendaciones de lectura.

Únete a nuestra comunidad y viaja con nosotros.

penguinlibros.club

 penguinlibros